Thorsten Fiedler

#Das Leben ist kein Ponyschlecken

Realsatire powered by Offenbach

Das Buch

Auch wenn das Leben kein Ponyschlecken ist, man sollte sein Dasein nicht komplett spaßbefreit fristen. Dabei gehen mir jeden Tag Tausende Fragen durch den Kopf. Wie reagieren Veganer auf Milchzähne? Arbeiten Vegetarier mit Zahnfleisch-Ersatz? Trinkt man in Istanbul Äppelwoi-Mokka? Wenden Sie persönlich häufig das Reizverschlussverfahren an? Wer geht hin und wieder in ein SM-Studio für Kassenpatienten? Kennen Sie die Offenbacher Blutgrätsche? Warum gab es bisher keine Arschgeigin? Und sang Elvis in Wahrheit: „Love me Gender?"

Es gibt viele Wege zum Glück. Eines Tages änderte ich zum Beispiel mein bisheriges Grillverhalten und seitdem grille ich nur noch Tofu-Ersatz.

INHALT:

SM-Studio für Kassenpatienten

Ich muss Sie an dieser Stelle eindringlich warnen. Die folgende Geschichte ist nichts für schwache Nerven. Vielleicht sollten Sie einfach weiterblättern. Also ich habe Sie auf jeden Fall gewarnt! Alles, was jetzt kommt, haben Sie sich selbst zuzuschreiben. ☺

Wollten Sie schon immer mal ein SM-Studio besuchen, ohne dass es gleich anrüchig wirkt? Ganz offiziell, sodass, auch wenn der Nachbar Sie sieht, kein Schatten auf Ihr sonst so integres Leben fällt? Da hätte ich einen guten Tipp für alle Sadomaso-Fans. Vor Ort können Sie alle Schmerzvarianten ausprobieren und die Kosten werden sogar von Ihrer Krankenkasse übernommen. Ein kleines Problemchen möchte ich an dieser Stelle nicht verheimlichen: Es existiert kein Codewort, was sich erübrigt, da Sie sowieso kaum in der Lage sind, verständlich zu sprechen. Die Meisterin können Sie daran erkennen, dass Sie in der Regel einen weißen Kittel plus Maske trägt.

Es gibt verschiedene Härtegrade Ihrer Spezialbehandlung, die teilweise damit beginnen, dass Sie im Gesichtsbereich mit spitzen Gegenständen gestochen werden.

Hardcore-Fans genießen vor allem das Gaumen-Piercing, von dem ich aus eigener Erfahrung dringend abraten möchte. Allerdings darf man auch nicht zu verbohrt sein.

Vorher wird man mittels eines Schlauchs quasi mundtot gemacht und anschließend mit Tüchern abgedeckt, damit die Blutspritzer auf der Kleidung keine verräterischen Hinweise auf Ihre Aktivitäten geben. Dazu wird für eine unangenehme Geräuschkulisse gesorgt, die allein schon Unbehagen im Auge des Betrachters auslöst. In dem Studio findet man eine große Menge an Metallwerkzeug, das dafür sorgt, dass der Kunde sich vollends ausleben kann.

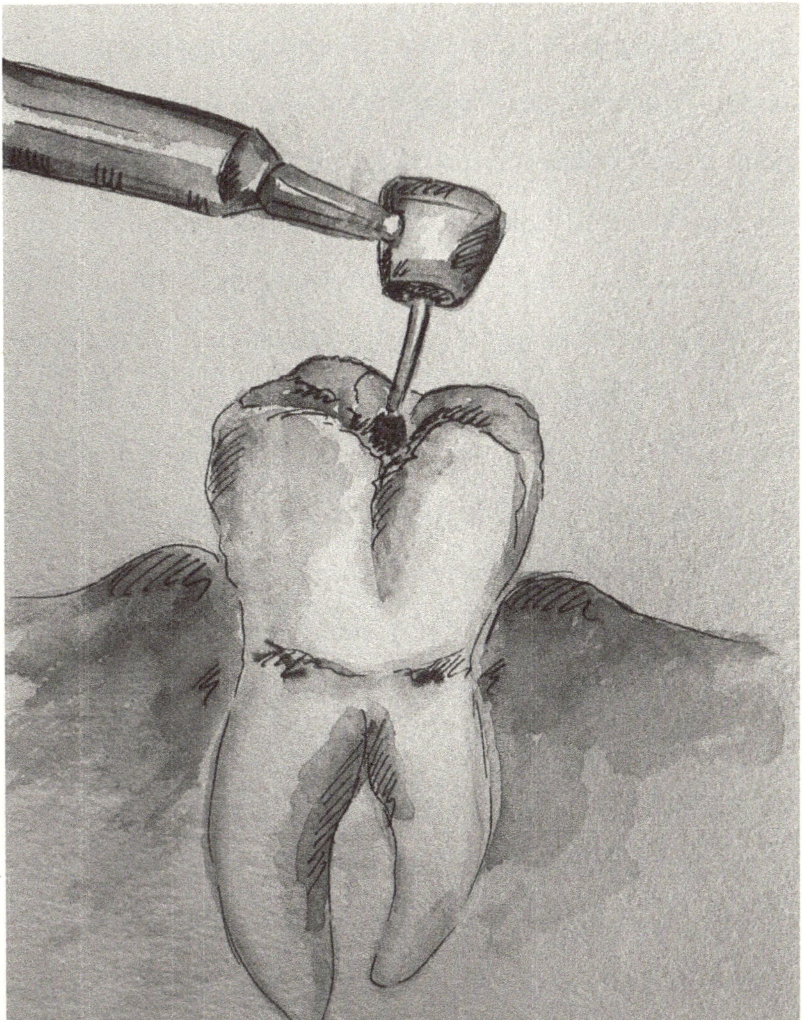

Vor einigen Tagen besuchte ich mein persönliches SM-Studio, das den meisten Lesern besser unter dem Begriff Zahnarztpraxis bekannt ist. Sobald man gegenüber seinen Mitmenschen erwähnt, dass ein Zahnarztbesuch fällig ist, steht man automatisch im Mitleidsfokus. Dieser Besuch wird durch nichts getoppt und selbst das erste Essen bei der zukünftigen Schwiegermutter bleibt in der Regel in besserer Erinnerung als der Besuch beim Zahnarzt. Woran mag das liegen? Rund um den hoffentlich nur jährlichen Gang dorthin ranken sich viele Begriffe, die auch in Horrorfilmen gut angesiedelt wären. Wurzelbehandlung, Karies, Zangen, Spritzen, Parodontose, Kiefervereiterung und viele mehr sorgen für eine gruselige Stimmung, die auch im Nachgang noch anhält. Doch alles beginnt mit dem Zahnarztstuhl. Kaum sitzt du auf selbigem, wird er in eine unangenehme Liegeposition gefahren. Spätestens ab jetzt ist man hilflos ausgeliefert. Fast schon höhnisch klingen die Worte der Zahnärztin durch den Mundschutz: „Einfach locker bleiben!“ Durch einen Tränenschleier folgt man der Betäubungsspritze auf ihrem Weg in den Rachen. Nach mehrmaligem Einstechen kommt der zweite Beruhigungsspruch: „Das dürfte eigentlich nicht mehr wehtun. Bitte sofort melden, wenn ich auf den Nerv treffe oder falls die Zunge sich um den Bohrer wickelt!“ Sicherheitshalber habe ich meinen rechten Fuß so neben dem Stuhl aufgestellt, dass einer spontanen Flucht nichts im Wege steht. Der Körper ist angespannt wie eine Bogensehne kurz vor dem Reißen und die Hände sind zu Fäusten geballt. Wie war das noch mal mit dem Entspannen? Vorsichtig lockere ich erst die linke Hand um eine Nuance und danach die rechte. Im Prinzip ist alles halb so schlimm wie gedacht. Obwohl ich ansonsten eine große Klappe habe, scheint dies meiner Zahnärztin nicht auszureichen und so merke ich, wie der Mund aufgrund deutlicher Überdehnung langsam an den Winkeln einreißt. Die aufgetragene Fettcreme läuft nach und nach an den Innenseiten der Wange auf die Zunge herab und hinterlässt einen faden Beigeschmack.

Heute steht auf dem Plan: Verstärkung des Oberkiefers (Sinuslift) inklusive Einsatz eines Implantats. Dazu wird erst der Knochen großzügig freigelegt und aufgeschnitten, um den Knochenersatzstoff zu platzieren, das Ganze wird dann mit mehreren Stichen genäht. Jetzt nur noch ein Schnitt in den Kiefer, um die Schraube für das Implantat zu setzen.

Aber immerhin bin ich entspannt, also zumindest so entspannt, wie es die augenblickliche Situation zulässt, bis plötzlich das ohrenbetäubende Geräusch des Bohrers einsetzt. Immer tiefer frisst sich dieser durch meinen Kiefer. Durch den Bohrlärm höre ich die vertraute Stimme meiner Zahnärztin: „Gleich haben wir es geschafft!" Wir? Wir haben es gleich geschafft? Wie gerne wäre ich jetzt auf der anderen Seite des Bohrers.

Noch zweimal die gleiche Prozedur mit unterschiedlich großen Bohrern, dann steckt das Gewinde im Kiefer. Jetzt nur noch nähen und schwupp geht es mit einem Coolpack auf der Wange wieder nach Hause.

Ihr abschließender Satz „In der ersten Stunde bitte noch nichts essen" trifft bei mir auf Fassungslosigkeit. Ich werde wahrscheinlich nie wieder essen können. Beim vorsichtigen Trinken stellt sich heraus, dass die Mundwinkel leider undicht sind, mein Gesicht hat einiges an Symmetrie eingebüßt und die Frage der Nachbarin, ob es auch einseitige Mumpserkrankungen gibt, bleibt unbeantwortet.

Das Gute an der Sache ist mein Alter, denn ich habe eine Zahnarztamnesie und bis zum nächsten Mal bestimmt schon wieder vergessen, was mir in meinem persönlichen SM-Studio widerfahren ist.

Sie können sich gerne folgende Faustformel merken: Alles, was wehtut, zahlt die Kasse, der Rest tut weh, weil man es selbst zahlen muss!

Das Leben ist kein Ponyschlecken – auch nicht in Offenbach

Schon die erste Geschichte hat das Thema des Buchs auf den Punkt gebracht. Auch wenn dies einige weitere Fragen aufwirft. Warum muss es ausgerechnet dieser Titel sein? Willst du deine Lektorin schon wieder an den Rand des Wahnsinns treiben? Die arme Frau! Als wäre sie mit „SCHEISSENDRECK HAPPENS“ und deiner variablen Zeichensetzung nicht schon genug gestraft. Irgendwann macht sie aus deinem Manuskript Buchstabensuppe. Immer muss es ein außergewöhnlicher Titel sein wie „Der Nomade im Speck“ oder „Der Sattel im Speckmantel“. Wie wäre es mal mit einem ganz normalen Titel, zum Beispiel: „Das Leben ist kein Zuckerschlecken“? Solche Kommentare erhalte ich immer wieder, aber da Sie, liebe Leserinnen und Leser, sich für eine Realsatire entschieden haben, müssen Sie jetzt auch mit dieser Überschrift leben. Ähnlich verhält es sich mit der Gestaltung der Buchvorderseite. „Na, Thorsten, ist

das lila Cover der letzte Versuch, einen Bestseller zu landen?“ „Das ist nicht lila, das ist pink.“ „Ja, ja!“
Für Borussia Dortmund war die Niederlage im Endspiel der Champions League gegen Madrid übrigens keine REAL-Satire. Natürlich gab es real die Chance für die Dortmunder zu gewinnen, aber die besten Chancen wurden liegen gelassen und am Ende entschieden persönliche Fehler über den Ausgang dieses Spiels. Und wieder zeigte sich, dass Edeka, Rewe, Aldi oder Lidl im Sponsoring großer Fußballvereine nur schwer mithalten können. Zugegebenermaßen klingt REAL Madrid auch viel besser als EDEKA Madrid oder ALDI Frankfurt, wobei KIK Offenbach fast schon wieder passen würde, zumal wir Offenbacher besser aufsteigen können als Rechtschreibung.

Wenn das Pony zur Glatze neigt

Es begab sich, dass meine Mutter nach einem zweiwöchigen Krankenhausaufenthalt das zwingende Bedürfnis verspürte, einen Meister der Schere an ihr üppig gewachsenes Haupthaar zu lassen. An dieser Stelle sollte man anmerken, dass wir uns innerfamiliär über eine extrem borstige Haarpracht freuen dürfen. So entfiel für sämtliche Familienangehörige zum Beispiel die gesetzliche Helmpflicht, da die vorgeschriebene Kopfbedeckung in diesen Größen nicht hergestellt wurde. Deshalb trug ich beim Motorradfahren auch meist einen Softhelm. Schon in der Schule hat das kreative Mitschüler animiert, Witzchen darüber zu reißen, wie zum Beispiel: „Alle Menschen haben Haare – außer Thorsten, der hat Borsten!"

Aber nicht nur ich stehe hier im Zentrum des ironischen Fachbetrachters, sondern auch die beste Mutter von allen. Es ist kein Witz: Der Frisör hat über zwei Stunden teils erfolglos versucht, die Masse an Haaren etwas auszudünnen. Es war schon sehr entmutigend für den Haar-

Virtuosen, dass trotz größter Bemühungen seinerseits kein Fortkommen erkennbar war. Fassungslos schaute er auf die borstigen Elemente, die ihm seit gefühlten Stunden trotzten. Aber seine Ehre hielt ihn davon ab, eine Heckenschere oder den Langhaarrasierer zu verwenden. Gespannt beobachteten die restlichen Friseurbesucher das schier hoffnungslose Unterfangen, seine Stellung als Haarbändiger zu behaupten, denn das ist schließlich die „Hauptsache“.

Unabhängig von einer auftretenden Spontan-Arthrose fielen dieser Aktion zwei vorher einwandfrei funktionierende Scheren und drei Kämme zum Opfer. Auf dem Boden türmte sich das Ergebnis seiner Plackerei. Nein, es war kein Fellteppich, der den Boden des Salons schmückte, sondern nur das dichte Geflecht abgeschnittener Haare, die dem Ausdünnvorgang zum Opfer gefallen waren. Realistisch betrachtet hätte man mit den abgeschnittenen struppigen Haaren einer ganzen Herde glatzköpfiger Shetlandponys zu neuer Mähnenpracht verhelfen können. Unter dem Motto: Ein neuer Pony für Ihr Pony! ☺

Etwas vom Pferd erzählen

Wenn schon der Titel auf diese wunderbaren Tiere hinweist, dann kann ich Ihnen auch gleich ein bisschen vom Pferd erzählen.
Wie oft sagen die Leute: „Dazu bringen mich keine zehn **Pferde**." Was bedeutet: Unter keinen Umständen will man etwas Bestimmtes oder Unangenehmes tun.
Heißt aber auch: Bei elf Pferden würde ich es vielleicht doch machen. Was wiederum dem geneigten Betrachter der Szenerie klar vor Augen führt: Jeder ist käuflich!

„Einem geschenkten Gaul schaut man nicht ins Maul"

Das wird oft unter Ehepaaren verwendet, wenn die Frau von ihren Freundinnen gefragt wird, warum sie ausgerechnet diesen Kerl geheiratet hat.

„Das Glück der Erde liegt auf dem Rücken der Pferde“

Könnte auch symbolisch bedeuten: „Reite weg, so weit du kannst, zumindest, wenn du verheiratet bist.“

„Da wiehert der Amtsschimmel“

Wahrscheinlich just in dem Augenblick, in dem du das Ja-Wort ausgesprochen hast.

„Sich seine Sporen verdienen“

Das hat eindeutig mit mangelhafter Lüftung der Wohnung zu tun. Und aus den Sporen entwickelt sich dann der Schimmel, womit wir wieder beim Pferd wären.

„Ross und Reiter beim Namen nennen“

Wenn es sich um Pferde-Sprichwörter handelt, geht es auch darum: Ross und Reiter beim Namen nennen. Heißt: Man spricht aus, was und wen man meint, oder macht genaue Angaben über etwas. Auch diese Redewendung kommt aus Ritterzeiten. Das prächtige Turnierross war, genau wie sein Reiter, hinter einer undurchsichtigen Rüstung verborgen. Zwar trug der Ritter im Schild seine Farben, doch wurde er vom Herold auch namentlich angekündigt, damit jeder wusste, wer gleich im Wettkampf Ruhm und Ehre gewinnen – oder verlieren – würde.

Schon damals war ein edles und fähiges Turnierross ein wertvoller Besitz, der im Ranking deutlich höher lag als die angeblich bessere Hälfte, weshalb auch nur der Name des Pferdes und nicht der Name der Ehefrau genannt wurde, bevor der Kampf beginnen konnte.

Auf eine Beziehung übertragen könnte hier die Frage der Angetrauten lauten: „Du betrügst mich, wie heißt sie?“

„Jemandem etwas vom Pferd erzählen“

Wenn betrunkene Stammtischler in feucht-fröhlicher Runde angeben wie ein Sack voller Mücken und dabei über die Schlafzimmergeschichten mit der Angetrauten sprechen.

„Ich glaub, mich tritt ein Pferd!“

Wenn die Angetraute herausbekommt, was am Stammtisch gesprochen wurde.

„Aufs falsche Pferd setzen“

Diese Unart hat sich vor allem bei Pferdedieben eingebürgert. Teilweise haben sich die Protagonisten ziemlich hängen lassen, sobald sie erwischt wurden.

„Ich hab schon Pferde vor der Apotheke kotzen sehen!“

Wer hat das noch nicht? In vielen Innenstädten ist dieser Anblick durchaus üblich.

„Schwing die Hufe“

Ein Synonym, vorrangig von Frauen verwendet, verbunden mit der eindeutigen Aufforderung: „Bring den Müll runter!“

„Ein gutes Pferd springt nicht höher, als es muss!"

Ein Pferd, das nur so hoch springt, wie es muss, setzt für die Bewältigung seiner Aufgabe exakt so viel Energie ein, wie für den Erfolg notwendig ist.

Besonders im Sport findet dieses Sprichwort häufig Verwendung, wenn eine Mannschaft nur knapp gegen eine andere gewonnen hat.

Bei den Schweizer Springreitern sind die Hürden, deutlich zu sprechen, viel höher als die Hürden bei internationalen Turnieren. Aber das liegt daran, dass in der Schweiz die Uhren in der Regel ganz anders ticken …

An Tagen wie diesen

Ein Teil meiner Verwandtschaft lebt in der Schweiz und da ist einfach alles anders als bei uns in Offenbach. Vielleicht sollte ich ein wenig relativieren, denn ein paar Ähnlichkeiten gibt es schon.

Also: Wir Offenbacher arbeiten in etwa in der gleichen Geschwindigkeit, in der die Schweizer sprechen. Außerdem versteht man in Offenbach und in der Schweiz als Deutscher kein einziges Wort von dem, was gesagt wird. Dann hört es aber auch schon auf. Obwohl, eine Gemeinsamkeit möchte ich an dieser Stelle nicht unterschlagen: Weder die Einwohner der Schweiz noch die meisten Offenbacher sind Angehörige der Europäischen Union.

Was unser Nachbarland für mich sehr interessant macht, sind die unvergleichlichen Nougat-Stangen oder die Ragusa-Schokolade. Ich sag's Ihnen, einfach ein Traum, lecker bis zum Gehtnichtmehr, aber leider in der Preisklasse eines Kleinwagens. Das können sie wirklich, die

einzigen deutschsprachigen Menschen, die einen Simultanübersetzer benötigen.
Auch sonst neigt der Schweizer dazu, sich tolle Sachen auszudenken, wie zum Beispiel die „Guillotine-Klausel". Da muss man erst einmal drauf kommen. Die Bedeutung dieser Klausel besteht darin, dass bei einem Vertragspaket die Annahme davon abhängig ist, dass alle Verträge angenommen werden, ansonsten „Fallbeil". Ja, das Einhalten von Regeln hat bei den Eidgenossen höchste Priorität.
Einst sangen die Toten Hosen: „An Tagen wie diesen", wobei sie wahrscheinlich nicht genau an diese Tage gedacht hatten. Viele Frauen fühlen sich während dieses monatlich auftretenden Ereignisses krank, haben Probleme, Schmerzen und oftmals auch Stimmungsschwankungen.
Da sind wir Männer gut weggekommen, denn wir leiden zwar unter vielen anderen krassen Dingen, aber die Periode ist einzig den Frauen vorbehalten, wobei es noch nicht endgültig abschätzbar scheint, wie es sich bei den inzwischen vorhandenen neumodischen Zwischenstufen in

unserer Gesellschaft verhält. Auch die Schwangerschaft inklusive der Geburt ist bei den Angehörigen des weiblichen Geschlechts in den besten Händen, weil sie einfach mehr ertragen können als Männer, die teilweise an einem Schnupfen elendiglich zugrunde gehen. Oder am meist unterschätzten, vielfach vernachlässigten Zeugungsschmerz, dem nur Männer ausgesetzt sind. Damit sind wir mehr als genug gestraft.

In den mitteleuropäischen Ländern wird den monatlichen Frauenproblemen kaum Beachtung geschenkt, während es in der neutralen Schweiz bei diesem Ereignis deutlich kulanter zugeht. In der Regel erhalten weibliche Arbeitnehmerinnen während der Regel zehn Tage regelmäßigen Sonderurlaub. Es ist im Schweizer Regelwerk entsprechend geregelt, für eine gewisse Periode freizubekommen.

Da sind die Schweizer uns trotz ansonsten eher eingeschränkter sprachlicher Geschwindigkeit tatsächlich einen Schritt voraus. Noch sind wir in Deutschland eher periodenfremd eingestellt, aber vielleicht kommt er noch, der Tag der Tage.

Offenbacher Radgeber

Es gibt Menschen, die voller grundloser Vorurteile sind bezüglich der idyllischen Mainstadt Offenbach. Viele Wissenschaftler haben in diversen Studien herausgefunden, dass es zum Beispiel keinen Zusammenhang gibt zwischen Kriminalität und einer Postleitzahl, außer sie wird mit „d“ geschrieben. Mir selbst ist es schon oft passiert, dass Menschen sofort verständnisvoll und mitleidig geschaut haben, als ich ihnen mitteilte, dass ich aus Offenbach komme. Nach dem Motto: „Na, das erklärt einiges!“ Häufig werde ich gefragt, ob ich mich in Offenbach sicher fühle. „Sicher, das ist natürlich relativ. Nun, ich würde meinen tiefergelegten, schwarzen 3er-BMW nicht unabgeschlossen vor der Haustüre stehen lassen. Das liegt teilweise auch daran, dass ich keinen 3er-BMW besitze, aber wenn ich einen hätte, dann würde ich ihn in Frankfurt abstellen, dann wäre er schneller wieder in Offenbach zurück, als man gucken könnte.“

Das war natürlich nur ein Scherz, da die meisten Offenbacher die andere Mainseite kaum betreten.
Doch eines Tages begab es sich, dass ich mit meinem Fahrrad Richtung Offenbacher Innenstadt fuhr.

Da standen diese Typen, beide keine Deviseninländer, vor mir und wollten mein Bike klauen.
„Gib Fahrrad, sonst auf Fresse!"

Eindeutig, klar und ohne Interpretationsansätze stand dieser Wunsch nun im Raum. Ich begrüße es sehr, wenn die Menschen einfach Klartext sprechen. Man weiß sofort, woran man ist, und ein langes Nachdenken über den Inhalt des Ausgesprochenen ist nicht erforderlich. Im Prinzip wollten mir meine Ansprechpartner signalisieren, dass ich mit der wohlwollenden Geste einer friedlichen Eigentumsüberlassung die Chance hätte, dass die beiden und ich durchaus Freunde werden könnten. Damit entstand allerdings eine Patt-Situation, denn ich wollte mich nicht von meinem Eigentum trennen, während sie mich schon von meinem Eigentum trennen wollten, zur Not auch gewaltsam.

Ich versuchte es mit verbaler juristischer Überzeugungskunst. „Jungs, wenn ich euch einen guten Tipp geben darf: Diebstahl lohnt sich nicht. Laut Strafgesetzbuch (StGB) § 242 gilt Folgendes als Diebstahl:

‚Wer eine fremde bewegliche Sache (in diesem Fall ein Rad) einem anderen (mir) in der Absicht wegnimmt, die Sache sich oder einem Dritten rechtswidrig zuzueignen (euch), wird mit Freiheitsstrafe

bis zu fünf Jahren oder mit Geldstrafe bestraft. Auch der Versuch ist strafbar.' Also schleicht euch!"

Die Antwort kam postwendend: „Bruder, du nix Tippgeber, du Radgeber!"

Zwei Dinge berührten mich besonders. Erstens die Aussicht auf einen bis dato nicht in Erscheinung getretenen Verwandten in Form eines Bruders und zweitens die Trauer über den nun wohl folgenden Verlust meines Fahrrads. Ich war hin- und hergerissen zwischen diesen Gefühlswelten. Familiensinn steht bei mir im Prinzip an oberster Stelle, allerdings leide ich auch unter einer ausgeprägten Form des Trennungsschmerzes, vor allem, wenn es um mein Bargeld oder Eigentum geht, wie zum Beispiel meinen fahrbaren Untersatz. Wir hatten so vieles miteinander erlebt, waren durch dick und dünn gegangen, aber hier und an dieser Stelle sollten sich unsere Wege für immer trennen.

Nun, ehrlich gesagt, so viel hatten wir auch wieder nicht zusammen erlebt. Es war kaum eine Stunde her, dass ich es am Straßenrand entdeckt hatte. Das Zahlenschloss mit der Kombination 1234 öffnete sich wie von Zauberhand und schon wurde klar, dass wir Offenbacher die wirklichen Erfinder des Bike-Sharings sind.

Was bleibt, ist das schöne Gefühl, einen Bruder gefunden zu haben und ein guter Radgeber zu sein. Und noch schöner ist der Umstand, dass mein Rad auch angenommen wurde …

Buckelpiste oder die Piste, die einen Buckel hervorbrachte

Sonne, Urlaub, schöne Pisten und fantastischer Schnee. Was sollte da noch schiefgehen? Seit meiner Realsatire „Scheißendreck Happens“ wusste ich allerdings, dass es manchmal anders läuft als gedacht.

Wir waren am schönen Fanningberg, meine beste Ehefrau von allen, Lieblingstochter Nina sowie mein Lieblingsschwiegersohn in spe Nik. Trotz aller Unkenrufe lag selbst Anfang April noch viel Schnee und die Sonne zeigte sich von der besten Seite.

Es war mittlerweile der dritte Tag und bei diesen tollen Bedingungen glauben viele Leute, dass sie tatsächlich Ski fahren können. Es war einfach erstaunlich. Nik fuhr schon die schwarze Piste hinunter, obgleich er Schnee bis dahin nur aus YouTube kannte. Seine Vorbereitung bestand nicht aus Skigymnastik, er sah sich einfach Videos an, wie man innerhalb von 24 Stunden die Technik lernt, die ich leider in 30 Jahren nicht verinnerlicht hatte. Als er sich später allerdings Bilder mit Helikopterski ansah, versuchte ich ihn in seinem Optimismus ein klein wenig zu bremsen.

So ergab es sich, dass ich nach seinen wenigen Trainingseinheiten in der Rangfolge der skifahrerischen Fähigkeiten knapp vom Podestplatz gerutscht war. Selbst in der Männerwertung schaute nur der zweite Platz für mich heraus. Allerdings war mir ein Titel nicht zu nehmen: In der Kategorie „Männer über 60 und über 100 Kilogramm“ lag ich eindeutig vorne.

Wir Autoren lieben ja diese Rankings. Da hat man endlich einmal die Chance, in einer vermeintlichen Bestsellerplatzierung weit nach vorne zu kommen. Das lässt sich beispielsweise wie folgt belegen. Bei den Krimis lande ich in der Amazon-Wertung, wenn es gut läuft und der Titel neu herauskommt, zwischen Rangstelle 18.000 und 30.000. In Kriminalromanen bei 10.000 und – jetzt kommts – in Fußballgeschichten unter den Top 50. Würde man das Spiel noch ein wenig erweitern, wäre ich bei Fußballgeschichten, die „Schlusspfiff“ heißen, mit einem Kommissar Adi Hessberger, deutlich auf Platz eins. Mein Bestseller!

Im Leben ist halt alles relativ. Apropos tief – kommen wir zurück zur Piste. Nachdem wir uns einige Zeit der Familienabfahrt gewidmet hatten, galt es nun, die schwarze Piste, hier den „Rader“, zu bezwingen. Wenn

es etwas steiler wird, ist es zwingend notwendig, die Skischuhe etwas enger zu schnallen.
Für Nichtskifahrer hier eine kleine Erklärung: Diese befinden sich unten am Boden und sind mittels einer variierenden Bauchstruktur gefühlt mal mehr oder weniger gut erreichbar. Da ich über Arme in Normallänge verfüge, ist es teilweise schwierig, bis an den Ort der Begierde zu gelangen. Aber echte Männer kriegen das hin. Wenn du ein richtiger Kerl bist, erledigst du das auch nicht, während du entspannt am Hang stehst, sondern im Fahrbetrieb. Mit einer durchaus als geschmeidig zu bezeichnenden Bewegung gelangte meine linke Hand schlangengleich Richtung Schnalle. An dieser Stelle möchte ich mir nicht schmeicheln, aber ich kenne nicht viele, die das schaffen oder zumindest versuchen. Als ich bis auf einen halben Meter herangekommen war, stockte der Versuch ein wenig und so beschloss ich, einen zweiten Anlauf zu unternehmen. Leider war ich bei diesem Unterfangen schon losgefahren und wider Erwarten machte der Steilhang seinem Namen alle Ehre.

Es ging auch alles gut, bis eine tiefe Bodenwelle den Hang kreuzte. Mein Blick war leider kurzfristig ein bisschen abgelenkt.

Durch einen fast schon elegant anmutenden Vorwärtsschwung meines Oberkörpers und die plötzlich einsetzende Erdanziehungskraft bekam ich mit den Fingerspitzen den Verschluss zu fassen, drückte ihn mit aller Kraft nach hinten, als die Welle mir die Grenzen meiner Athletik aufzeigte. Der Schlag traf mich unvermittelt und schüttelte meine Muskeln gehörig durcheinander. Da ich mich gerade tief unten in gebückter Haltung befand, entschieden sich die Bandscheiben, eindeutig gegen meinen Willen, in dieser zugegebenermaßen komisch anmutenden Position zu verbleiben. Für den außenstehenden Betrachter sah diese Aktion durchaus gewollt aus. Und manch anerkennender Blick streifte mich im Vorbeifahren. Möglicherweise hat auch der ein oder andere etwas skeptisch geschaut.

Meine Frau meinte im Nachgang, dass es Leute gebe, die meinen Fahrstil kopiert hätten. Falls dies so ist, möchte ich dieser neuen Art des Fahrens auch gerne einen Namen geben: „Buckelpistenstyle". Ob man im Nachhinein der von mir befahrenen Abfahrt den Namen Buckelpiste verliehen hat, weiß ich leider nicht.

Der weitere Teil meines Urlaubs fand übrigens ohne Ski statt. Jetzt galt es, neue Herausforderungen anzugehen. Zum Beispiel, wie ich es schaffte, in weniger als einer halben Stunde vom Bett ins vier Meter entfernte Bad zu gelangen. Es ist ein glücklicher Umstand, dass wir Männer darin geschult sind, auch große Schmerzen relativ klaglos hinzunehmen. Ein Indianer kennt keinen Schmerz, aber was zum Teufel habe ich mit Indianern zu tun? In unserer Gesellschaft gehört es fast schon zum guten Ton, seine Gefühle zeigen zu können. Allerdings machte ich das sehr subtil. Versuchen Sie einmal selbst, mit aufeinander gebissenen Zähnen, aber geöffneten Lippen die Luft einzusaugen. Ein vorsichtiges Hinsetzen, verbunden mit diesem Geräusch, vermittelt dem außenstehenden Betrachter das Bild von starken Beschwerden bei gleichzeitig scheinbar unterdrückten

Schmerzenslauten und einem Flair von Tapferkeit. Ein Hauch Dramaturgie führt dazu, dass alle im Umfeld eine Gänsehaut bekommen und glauben, den Schmerz fast schon selbst zu empfinden.

Dies führt unmittelbar zu der Frage: „So schlimm?"

„Geht schon", lautet meine Antwort mit schmerzverzerrtem Gesicht. Da können sich die Indianer noch eine Scheibe von abschneiden. Wenn man jetzt noch einen draufsetzt wie: „Behalt es aber für dich, es muss ja keiner wissen …", dann kann man sicher sein, dass in der Verwandtschaft, Nachbarschaft und im Freundeskreis die Telefone glühen werden ...

Der eine oder andere geneigte Leser fragt sich jetzt, ob es denn notwendig sei, dass einem solch schmerzhafte Erlebnisse real passieren, um diese dann zu Papier zu bringen. Genau das ist es! Als Autor bringst du nun einmal viele Opfer, um den Leser zu unterhalten. Und für Sie, liebe Leserin und lieber Leser, ist mir kein Aufwand oder Schmerz zu viel.

Neulich beim Physiotherapeuten

Jetzt habe ich Rücken. Kein Wunder, denn der Skiurlaub hat deutliche Spuren an meiner geplagten Wirbelsäule hinterlassen. Sobald ich mich hinstelle und versuche, bei durchgedrückten Knien mit den Fingerspitzen den Boden zu erreichen, merke ich, wie hoffnungslos dieses Unterfangen ist. Die Finger kreisen etwa 70 Zentimeter über dem anvisierten Bodenbelag und ich müsste mir schon die Fingernägel wie Struwwelpeter wachsen lassen, um die Aufgabe zu erfüllen.

Nun lässt mich aber in letzter Zeit auch mein Gedächtnis etwas im Stich und so bin ich mir nicht sicher, ob es vor dem Ski-Malheur besser funktioniert hat. Bei einer anderen Übung weiß ich zumindest ganz genau, dass ich hier und da kleine Probleme in der Umsetzung hatte. Ja, irgendwie fiel mir der Spagat trotz meines ansonsten recht athletischen Körpers noch nie besonders leicht. Es ist noch nicht allzu lange her, da wäre ich beinahe in den Besitz des Sportabzeichens gelangt, und nur durch widrige Umstände blieb mir diese Trophäe versagt. Ein Blackout beim gefürchteten Standweitsprung, einer vollkommen unterschätzten Disziplin, sorgte am Ende für den Verlust des goldenen, silbernen und auch des bronzenen Abzeichens.

Aber das ist alles Schmerz von gestern, jetzt ist es an der Zeit, sich auf den aktuellen Schmerz zu konzentrieren. Thommy, mein Lieblingsphysiotherapeut, hat wie immer die richtigen Worte gefunden. „Thorsten, du bist einfach zu klein für dein Gewicht und sobald du dich bückst, leidest du aufgrund einer akut auftretenden Bauchfettquetschung an Atemnot."

Hier muss ich eindeutig widersprechen. Mein Gewicht ist für einen Mann mit einer Größe von 1,98 sicher nicht zu viel. Doch Thommy ließ sich nicht beirren und legte nach. „Du bist höchstens 1,83 groß, außerdem sind deine Arme wegen der Vielzahl an Hängemuskeln im Mittelbereich deutlich zu kurz, um bis nach unten zum Boden zu gelangen."

Da war sie schon, die Lösung. Einfach und lapidar dahingesagt. Eine Armverlängerung musste her. Nach ersten Berechnungen fehlten mir zwischen 50 und 80 Zentimeter. Doch Thommy bremste mich in meiner Euphorie. „Vielleicht solltest du erst mal ein wenig abnehmen?"

Ich lachte herzlich über seinen Megawitz, aber er schien es tatsächlich ernst zu meinen. „Also Fett absaugen?" Doch ich konnte in seinem Gesicht ablesen, dass ich wieder danebenlag. Er wollte tatsächlich, dass ich mehr Sport treibe und weniger esse. Wie sollte das gehen? Noch mehr Sport und noch weniger essen? Ein Bild von mir als völlig entkräftetem Magersüchtigen schoss mir spontan durch den Kopf. Ich sah die Gewichtsanzeige meiner Waage, die traurig den Kopf schüttelte, weil der Zeiger sich kaum noch bewegte. Meine Frau, die mich bei jedem kleinen Windstoß beim Spazierengehen mit beiden Händen krampfhaft festhalten musste. Und meinen Hund Lou, der sich bisher immer darauf verlassen konnte, dass ich ihn mittels meines Gewichts am Boden hielt, sollte nun schutzlos jeder Böe ausgeliefert sein. Unsere Schwerlast-Couch würde fortan nutzlos vor der Heizung stehen. Und meine Klamotten wären herrenlos und würden ein unausgefülltes Leben führen müssen.

Es musste eine andere, doch genauso schnelle Lösung her. Ich stellte einen Hocker vor mich, legte eine Bodenfliese darauf und begann mit den Übungen. Ohne große Anstrengungen berührten meine Fingerspitzen schon beim ersten Versuch die Fliese, auch danach gelang es mir immer wieder, den zugegebenermaßen etwas vorgelagerten Boden zu erreichen. Plötzlich sah ich, dass sich eine kleine Pfütze gebildet hatte. Ja, ich kann es ruhig zugeben, die Rührung hatte mich übermannt, sodass die eine oder andere Freudenträne aus meinen Augen Richtung Boden tropfte. Natürlich ist meine Lösung noch nicht hundertprozentig ausgereift, aber immerhin ist sie ein kleiner Anfang.

Leider stellte sich bei der nächsten Physiotherapie heraus, dass mein Therapeut sich sträubte, meine Idee zu liken. Er war immer noch davon überzeugt, dass nur intensives Training der richtige Weg sei. Ihm zuliebe habe ich dann mittrainiert.

Irgendwie beschlich mich aber das Gefühl, er wolle mich für einen Auftritt im Zirkus vorbereiten. Auf nur einem Bein stehend, unter mir ein Wackelbrett, dazu ein 1,50 Meter langer Schwingstab in der einen Hand und in der anderen einen Tennisball, den ich hochwerfen und fangen sollte. Geht's noch? Bin ich Artist oder was? Wenn alles gut geht, falle ich nicht aufs Maul (entschuldigen Sie bitte diesen Ausdruck, der meiner Emotion sowie meiner Herkunft geschuldet ist) und breche mir keinen Knochen. Denn dann wäre ich ihm ja komplett ausgeliefert. Jetzt kann ich wenigstens noch davonrennen. ☺

Schlussendlich konnten wir uns noch einigen. Er hat darauf verzichtet, dass ich mit mehreren Bällen jonglieren musste, und dann die Übungen ein wenig entschärft. Statt auf dem Wackelbrett durfte ich auf der Liege Platz nehmen, und statt mit dem Schwingstab zu balancieren bekam ich von ihm meinen Rücken massiert. Geht doch!

Allerdings glaube ich immer noch, dass die richtige Wahl der Krankenkasse sich am Ende bezahlt macht.

Mein Nebenmann muss bei den Übungen nicht zählen, das erledigt sein Trainer, während ich mir schweratmend die Anzahl meiner durchgeführten Wiederholungen merken muss. Wahrscheinlich habe ich wieder den falschen Krankenkassentarif. In einer noch besseren Kasse macht wahrscheinlich der Therapeut die Übungen und überträgt sie per positiver Schwingung an den Privatpatienten. Das würde allerdings meine Haushaltskasse zu stark belasten und deshalb mache ich meine Übungen weiterhin selbst, auch wenn es nervt.

Typisch Offenbach, typisch deutsch

Offenbach ist wie ein olympisches Dorf mit über hundert Nationen und alle rennen in Jogginghose herum.

*

Solvenz ist bei den meisten Menschen in, während Insolvenz oft out ist. ☺

*

„Günter, steh endlisch uff, inner Stund meschts Amt uff.“

„Nee, isch geh liewer gleisch ins Salzgäsjer und feier mit meine Kumpels 40 Jahre Geld vom Staat.“

*

„Hermann, hast du heute Morgen unsere Handtücher auf die Pool-Liegen gelegt?“

„Nein, die liegen da noch von letzter Woche.“

*

„Schatz, wir müssen die Wohnung in Schuss bringen. Morgen kommt die Putzfrau, da will ich mich nicht blamieren.“

*

Dann war da noch der deutsche Mann, der trotz seines mittelmäßigen Aussehens eine schauspielerische Karriere hinlegte. Früher hat er sogar oft in Pornofilmen mitgespielt. Auf die Frage, was denn genau seine Rolle war, sagte er: „Ich war der Ehemann, der frühmorgens das Haus verließ.“

Rütter für Anfänger

Im Herbst meines Lebens stellte ich fest, dass es karrieremäßig etwas stockte. Nach einem beruflichen Höhenflug und dem mittlerweile achten Buch ohne Bestsellerambitionen genoss meine neue Stelle, zumindest in der Außenbetrachtung, keinen hohen Stellenwert. Früher dachte ich immer, man muss ja nicht jeden Scheiß machen, aber dann kam es leider anders.

Meinen neuen Job konnte man als eine Art Sammler bezeichnen, der sich hauptsächlich im Umweltschutz betätigte. Als Exkrementensammler läuft man vornehmlich hinter dem eigenen Hund her und tütet die Hinterlassenschaften in braune oder rote Beutel, nachdem man das Ergebnis ausgiebig gefeiert hat. „Fein hast du Kacka gemacht“ oder so ähnlich lauten die lobenden Worte der Hundebesitzer an ihren Vierbeiner. Mittels einer im Laufe der Jahre ausgewählten Technik landet ein Großteil des Abfallprodukts in dem Beutelchen und über den Rest häufen sich die Gerüche, äh Gerüchte.

Heutzutage sind Hundebesitzer dank Herrn Rütter deutlich besser vorbereitet auf einen neuen Hund als noch vor zehn Jahren. Früher haben die Hundeprofis ihren neuen Mitbewohner abgeholt und nach einer mehrstündigen Autofahrt direkt in die Wohnung statt in den Garten gebracht. Daraufhin hat der Hund erst einmal einen dicken Haufen direkt auf den Wohnzimmerteppich gesetzt. Heute sind die Leute durch die unzähligen Trainertipps so gut vorbereitet, dass sie genau wissen, was geschieht, wenn der Hund sich nicht im Garten gelöst hat. Also bringen sie ihn direkt ins Haus und der Hund kackt in Selbiges. Jetzt merkt die Gattung der „Geruchserinnerer“ anhand des bestialischen Gestanks, schlimmer als „en aahle Handkäs“, dass es wohl besser gewesen wäre, vorher in den Garten zu gehen. „Stimmt! Hat nicht Martin Rütter diesen Umstand in jeder seiner hundert Sendungen moniert?“

Allerdings hat es sich durchgesetzt, gute Ratschläge lieber zu verteilen als anzunehmen. Und es wird gelogen, dass sich die Balken biegen. „Nein, Herr Rütter, das macht er sonst nie.“ Da fällt sogar der Hundetrainer vor Lachen fast um.

Du siehst, wie der sechs Monate alte Welpe der Besitzerin quasi die Hand zerfleischt, und beim Versuch, diese wieder aus dem Maul des Tieres zu ziehen, bleiben zwei Finger darin stecken. Die Frau steckt die blutende Hand in die Hosentasche und schwört auf das Leben ihrer Schwiegermutter, dass so etwas noch nie vorher passiert ist, und die vielen Narben an der anderen Hand kann sie sich auch nicht erklären. Die Kinder rennen vor Angst schreiend weg, sobald sich der Hund nähert, aber die Hundebesitzerin steht ihren Erziehungsmethoden meistens positiv gegenüber. Das macht die korrekte Einschätzung mündlich überlieferter Trainingserfolge sehr schwer. Bei der persönlichen Erfolgskontrolle fallen die Ergebnisse deshalb deutlich schlechter aus. Zumal beim nächsten Treffen keine Kinder mehr vor Ort sind, während gleichzeitig der Welpe eine Visitenkarte vom örtlichen Kinderheim zerfetzt.

Wie man sieht, gibt es unter den Hundefreunden viele, die unter einer Art Tipp-Amnesie leiden, was sie allerdings nicht daran hindert, mit anderen Menschen ihr nicht angewendetes Wissen zu teilen.

Rütter für Mütter

„Kommst du jetzt her oder nicht?“ Zum ersten Mal gehorchte der Hund aufs Wort. Es ist halt alles eine Sache des Trainings. Das ist genauso bei schlecht erzogenen Kindern anwendbar, denn verwendet man den Satz: „Du räumst jetzt dein Zimmer auf oder nicht“, können schon erste Erfolge gefeiert werden. Allerdings ist dies erst der Anfang und der Weg könnte lang und staubig sein.

Hundetrainer haben meistens Lieblingssätze, die sie selbst verwenden, oder sie haben diese einfach vom Hundebesitzer übernommen. Meist spielt Ironie eine übergeordnete Rolle. Martin Rütter vertreibt T-Shirts mit dem Aufdruck „Der tut nix“ oder „Der will nur spielen“. Allerdings sollten Hunde, die aus dem Rütter-Seminar kommen, sich nicht mit matschigen Pfoten auf fremde Waldbesucher stürzen und an ihnen hochspringen, um Küsschen zu geben. Dann hätte man zu dem

Preis für den Hunde-Benimm-Kurs zusätzlich auch noch die Kosten für die Reinigung am Bein.
Letztens ist mir ein Dobermann im Wald begegnet, der mit einem Radfahrer nur gespielt hat. Glauben Sie mir, der Spaß war relativ einseitig. Aber hier geht es um das große Ganze und Einzelschicksale interessieren nicht. Bei der Hundeerziehung muss man bereit sein, für den Erfolg Opfer zu bringen, und wenn es ein Radfahrer ist …
Viel schlimmer gestaltet sich die Gefährdung der Erziehung durch den „Hundelaberer". Ein Hauch von Fassungslosigkeit umgibt den Coach, wenn die Neubesitzer von Hunden selbige totquatschen. „Cosimo, sei ein braves Hundchen und komm jetzt gleich ganz schnell hierher zu deinem Herrchen, dann gibt es auch ein großes Leckerli für meinen braven kleinen Vierbeiner." Der ausgewiesene Fachmann für Hundepsychologie würde genau wie mein Verleger die Füllwörter herausstreichen und den Monolog durch ein prägnantes Ein-Wort-Kommando ersetzen: „HIER!"

Auch für den Hund ist das sinnlose Gequatsche nervtötend und vor allem nicht verständlich. Ein Hund benötigt klare Kommandos. Da verhält es sich wie bei uns Ehemännern. Ehefrauen gehen immer mehr davon ab, sich wie folgt zu artikulieren: „Schatz, sei doch bitte so gut und bring nach dem Film noch den Müll runter. Ich hoffe, das ist nicht zu viel verlangt.“ Taffe Mädels beschränken sich bei einer solchen Konversation nur auf das Notwendigste: „Müll runter!“ Dabei halten sie den fast überquellenden Müll kurz in die Luft und legen ihn dann auf die Fernbedienung. Und schon kommt Bewegung in die Szene. Man sieht hier schon, dass es in der Kinder-, Männer- und Hundeerziehung gewisse Parallelen gibt. Deshalb schauen sich auch viele Mütter und Ehefrauen immer wieder diese Sendungen im Fernsehen an, ohne dass sie jemals einen Hund hatten oder beabsichtigten, sich einen zuzulegen.

Fatal ist es natürlich, wenn man den Hund dazu bringen möchte, stubenrein zu werden, und er trotzdem immer in die Stuben rein macht. Ein Bekannter hat immer gesungen, um den Welpen dazu zu bringen, sein großes Geschäft zu machen. Jetzt kackt der Hund nur noch, wenn er singt. In dieser Strategie ist auf jeden Fall noch Luft nach oben.

Manchmal fehlt uns einfach die Geduld zu warten, bis unser neues Familienmitglied seine Geschäfte erledigt hat. Erstaunlicherweise merkt der Hund, wenn wir es eilig haben, und schon hat er alle Zeit der Welt. Genauso schwierig wird es, wenn der Welpe nur an einem bestimmten Platz den Boden düngt.

Schlecht ist es, wenn es sich um eine Urlaubsfahrt handelt. Doch für alle diese Themen findet der Hunde-Profi eine Lösung, die allerdings meist mit einem langwierigen Übungsplan einhergeht. Oft sind sich Herrchen und Frauchen sehr uneinig, ob sie ihrem Vierbeiner und sich selbst das anstrengende Programm zumuten wollen.

Und schon sind wir wieder bei der Kinder- oder Männererziehung. Bei Kindern und Männern gibt es eine todsichere Methode, allem Stress aus dem Weg zu gehen. Einfach vor dem Fernseher parken, die Herren mit, die

Kinder ohne Bier. Irgendwann muss man sie nur von dort wieder wegbekommen. Die beste Option: Alle zusammen, inklusive Hund, schlafen vor dem Fernseher ein. Das klappt prima, es sei denn, bei Ihrem Hund handelt es sich um ein dominantes Exemplar seiner Rasse. Dann müssen Sie sich halt einen Platz außerhalb der Couch suchen. Das könnte eventuell auch auf Ihr Bett im Schlafzimmer zutreffen, zumal wenn der Hund es nicht mag, wenn sich jemand Herrchen oder Frauchen nähert. In diesem Moment müssen Sie in sich gehen und überlegen, ob es leichter ist, den Hund zu erziehen oder sich einen neuen Partner zu suchen.

Es heißt ja oft: „Wir haben einen Familienhund", nur wird es kompliziert, wenn der Hund entscheidet, wer dazugehört. Der Titel einer Hundesendung lautet nicht umsonst: „Alarm, die Welpen kommen!" Am besten holen Sie einen Welpen gemeinsam mit Herrn Rütter beim Züchter ab, dann kann eigentlich nichts mehr schiefgehen – und falls doch, schließen Sie sich auf der Toilette ein und lesen Sie dieses Buch.

Lou – King of the Couch

Er mag es nicht, allein zu bleiben. Die Couch gehört ihm. Er ist schon an der Tür, lange bevor es klingelt. Es kann nur einen geben. Bellen ist etwas für Hunde, aber ganz tief in ihm drinnen steckt viel mehr. Er heult mit den Wölfen, weil er einer von ihnen ist: Lou, eine Art Wolf im Labradoodle-Pelz. Er lebt am liebsten im Rudel und sein Rudel sind meine Frau, meine Kinder und ich. Dies entspricht auch in etwa der Rangfolge beziehungsweise der Hierarchie innerhalb des Verbands. Jeden Tag spielen wir zusammen. Er rennt mit dem Spielzeug in die Tiefen unseres Gartens, und ich suche anschließend danach und hole es wieder zurück. Seitdem schaffe ich es auch viel besser, auf meine täglichen 10.000 Schritte zu kommen. Abends sitze ich dann erschöpft auf dem Fußboden vor der Couch. Da Lou nur über ein dünnes Fell verfügt, hat er nicht genug Polster, um auf dem harten Parkett bequem zu liegen, das ist bei mir mit über 200 Pfund Lebendgewicht deutlich einfacher. Zumal Lou auch gerne den Platz auf dem Sofa wechselt, und da wäre ich nur im Weg. Also haben meine Frau und Lou entschieden, dass die neue Aufteilung das Beste für uns alle ist. Sie haben es sicher schon bemerkt: Als wir Lou bekamen, befand sich Herr Rütter gerade im Jahresurlaub und jetzt muss ich dafür büßen, dass der wochenlang in der Sonne lag. 😉

Lou hegt eine extreme Aversion gegen jegliche Art des Duschens. Sobald erste Anzeichen ersichtlich sind, die auf einen Waschvorgang hinweisen, nimmt er Reißaus. Nicht dass der geneigte Leser denkt, er mag kein Wasser, er liebt Wasser. Allerdings muss es über Monate abgestanden, lehmhaltig und tief sein. Lou ist ein Moorbad-Fetischist, und am allerliebsten praktiziert er diese Art Kurpackung, wenn er gerade nach einer ungeliebten Dusche wieder frisch und sauber riecht. Ein kurzer provozierender Blick zu uns läutet den Sprung in das Matschloch ein, danach heißt es nur noch genießen. Sobald er dem Schlamm entweicht und aussieht wie ein Schaf, läuft er auch viel besser bei Fuß, und die vielen mitleidigen Blicke der entgegenkommenden Spaziergänger sagen alles.

Ein Labradoodle hat viele Vorteile. Er ist absolut allergiefrei bzw. Menschen mit Hundehaarallergie haben keine Probleme mit dieser Rasse. Das ist toll, weil mein Schwager normalerweise darunter leidet. Jetzt kann er jederzeit zu Besuch kommen. Allerdings kommt er nicht zu Besuch, da er beruflich, sportlich und privat stark eingespannt ist. Aber wenn er käme, dann wäre alles perfekt. Außerdem verliert Lou keine Haare, nicht ein einziges. Allerdings verliert er alles, was im Fell steckt, von Matschklumpen über Pflanzen, kleine Steinchen bis hin zur Blumenerde, aber immerhin kein Haar.

Für mich persönlich hat unser Hund einen ganz großen Vorteil. Wir wiegen uns seit Neustem jeden Morgen gemeinsam im Bad und teilen dann das Gewicht durch zwei.

Es ist unglaublich, dass dieser kleine Hund, der gerade noch ein Welpe war, jetzt fast 55 Kilogramm auf die Waage bringt. Das hätte kaum einer vermutet. Auch meine Frau nicht …

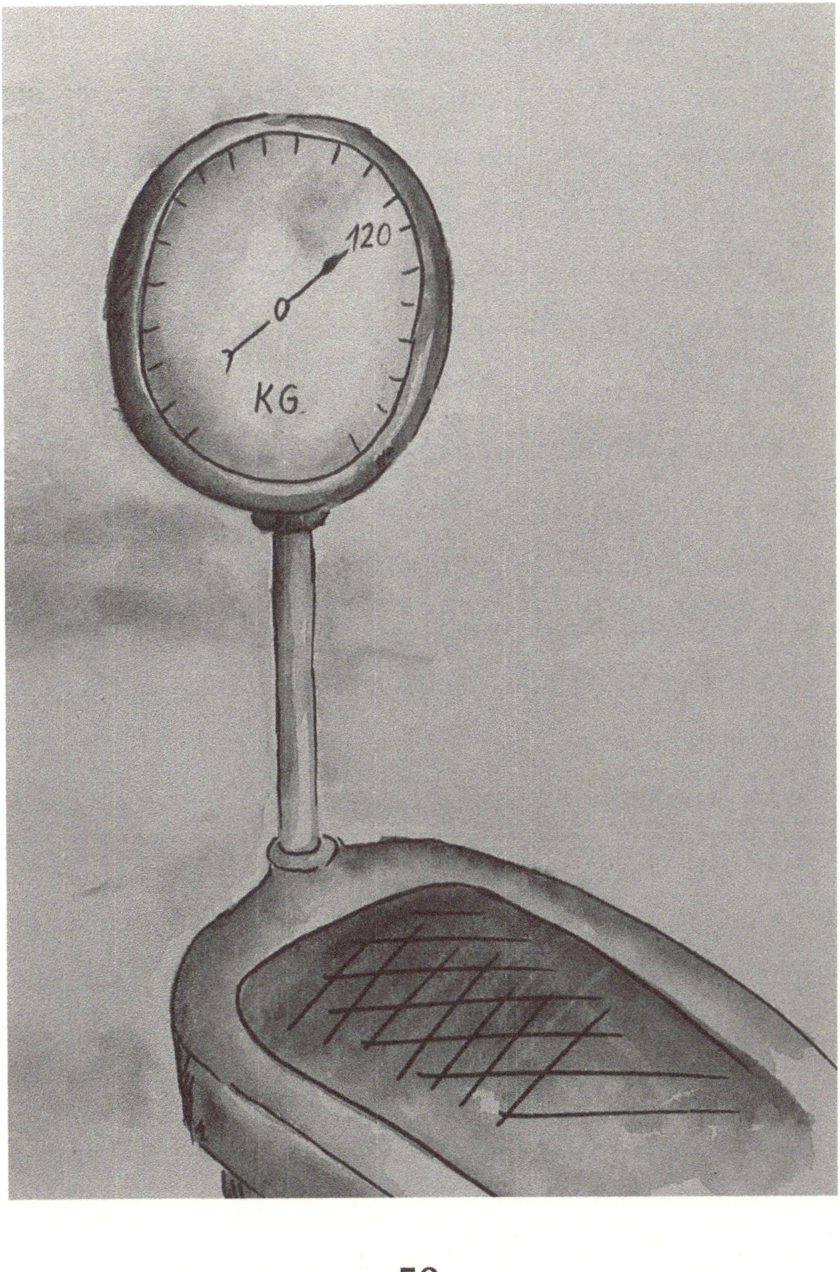
120
KG

Schönheit to go

Inzwischen gibt es nicht nur hervorragenden Kaffee zum Mitnehmen, sondern auch Schönheitskorrekturen aller Art, meist als OP „to go“ bezeichnet. Zwischendurch mal ein bisschen die Lippen aufspritzen lassen oder die Gesichtszüge durch Botox quasi einfrieren, sozusagen Mimik ade. Ja, der Schönheitswahn kennt kaum noch Grenzen, aber das ist auch verständlich, da einige sich durch das Schönheitsideal der Männer zwischen 45 und 65 angespornt fühlen, ebenso gut auszusehen. Das ist natürlich sehr, sehr schwierig, im Prinzip ein aussichtsloses Unterfangen, das nur mit viel operativer Unterstützung gelingen kann.

Was also ist das Geheimnis dieser Gruppe, der so viele nacheifern möchten? Naturprodukte spielen eine entscheidende Rolle. Wasser, Hopfen und Malz sorgen dafür, dass der Körper mit wichtigen Basiselementen versorgt wird. Die Haut wird praktisch durch einen Überdehnungseffekt der inaktiven Muskelmasse zur Faltenfreiheit verurteilt. Benötigt wird dazu ein Standardgewicht um die 120 Kilogramm bei einer Körpergröße unter 180 Zentimeter. Sport ist in diesem Zusammenhang kontraproduktiv. Die Spannung der Haut sorgt dafür, dass sich die Falten bis zum vollständigen Verschwinden auseinanderziehen. Dies gilt für alle Körperpartien, vor allem für die Leibesmitte. Hier ist streng darauf zu achten, dass der Bauch in Kugelform gehegt und gepflegt wird, manchmal ist Biertrinken auch außerhalb der Durstphase zwingend erforderlich, um den Erfolgskurs nicht zu unterbrechen. Dekorative Elemente spielen eine große Rolle, denn wie schon Guido Maria Kretschmer einst sagte: „Kleider machen Leute." Eine Kombination aus weißem Feinripp-Oberteil und -Unterteil sorgt für die farbliche Komponente. Das Weiß der Wäsche unterstreicht sehr ansprechend die knallige Röte des durch Bluthochdruck gezeichneten Gesichts. Das Ganze wird noch untermalt durch eine kurz- bis mittellange Körperbehaarung, die so weit gehen kann,

dass Kleinkinder im sprechfähigen Alter auf einmal rufen: „Mama, bei dem Mann kommt die Füllung raus!“
Sobald man dieses Outfit mehrere Tage hintereinander trägt, bildet sich bisweilen ein gelber Rand an den Armbereichen, der sich farblich wunderbar in das Gesamtbild integriert. Auch im unteren Bereich kann es natürlich zu Farbabsetzungen kommen, doch darüber wollen wir nicht sprechen, um nicht den Eindruck des Gesamtkunstwerks zu schmälern. Und wenn sich jetzt ein Bild im Kopf verankert, das Sie auch durch Ihre schönsten Träume begleitet, merken Sie umso schneller, warum dadurch der Wunsch geweckt wird, auch so schön sein zu wollen. Also geht es sozusagen ran an den Speck. Bauchstraffung, Zähne, Nase, Lippen oder Brüste sind schnell mal gemacht. Wer den Buchstaben „o“ präferiert, ist bei „Po to go“ bestens aufgehoben.
Es ist spannend zu beobachten, dass zum Beispiel in der Türkei der OP-Tourismus stark ausgeprägt ist. Natürlich steht eine Menge Geld im Raum, wenn man/frau sich entscheidet, den Basiskörper zu optimieren. Es gibt

zahlreiche Lockangebote, die möglicherweise am Ende gar nicht günstiger sind, teilweise kann der Verbraucher aber auch von den unterschiedlichen Lohnkosten profitieren. Kleiner Tipp von mir: Sollte es sich um den Facharzt Frank N. Stein handeln, lassen Sie besser die Finger davon.

Das alles funktioniert allerdings nur, wenn du mutig, unerschrocken und abenteuerlustig bist. Mein Verleger und ich kommen uns da ein bisschen vor wie Weicheier. Beide bekamen wir zeitgleich unser erstes Implantat und haben tapfer auf dem Zahnarztstuhl durchgehalten. Doch ein guter Bekannter, der als Hobby „Zahntourismus" angibt, erinnert ein wenig an das tapfere Schneiderlein: „Sieben auf einen Streich!" Tatsächlich hat er sich in der Türkei sieben Implantate an einem Tag einsetzen lassen. Einsetzen lassen klingt fast schon ein bisschen romantisch, allerdings wurden nach der Betäubung erst die Zähne gezogen, die Metallstifte in den Kiefer gebohrt und dann alles wieder ordentlich vernäht. Man fragt sich natürlich, ob der Patient dann nur unten oder oben kaut. Alter, eine komplett neue Kauleiste und das Ganze zum Schnäppchenpreis. Vorsorglich wird die Nachsorge in Deutschland erledigt. Das ist sehr fürsorglich. In der Fachsprache heißt dies: „Türkischer OP-Basar mit deutscher Nachsorge“. Oftmals sind die Nachsorge-OPs deutlich aufwendiger …

Das funktioniert natürlich auch mit Veneers! Endlich weg mit dem Braun- oder Grauschleier. So bekommen die Zähne den Strahler-70-Touch, Sie müssen einfach mal ihre Großeltern fragen, die kennen diese Werbung bestimmt noch. Aber zurück zu den Veneers. Diese Schalen oder Verblendungen machen die Zähne etwas dicker als normal, man wirkt ein bisschen wie der Schauspieler Jack Nicholson mit seinem wölfischen Grinsen. Möglicherweise leidet dadurch die Aussprache ein wenig, aber dieses Problem lässt sich einfach lösen, indem man sich ein paar Bierchen unter Gleichgesinnten gönnt. Spätestens nach dem dritten Bier ist die Sprachbarriere beseitigt …

Und weil sich wahrscheinlich niemand traut zu fragen, ob ich denn auch schon eine Schönheits-OP habe machen lassen: Einmal, ein einziges Mal habe ich mich überreden lassen. Nicht dass ich es nötig hätte, aber das Angebot war so verlockend, dass ich nicht widerstehen konnte. Seit ungefähr zwanzig Jahren fühle ich mich deutlich besser und kann mich auch wieder in Badehosen zeigen, zumindest in langärmligen. Seitdem trage ich auf der rechten und linken Seite meine neuen Hüftspeck-Implantate. Und jeder, der mich darauf angesprochen hat, beteuert, wie natürlich es aussieht. Habe ich Sie etwas nachdenklich gestimmt? Dann sind Sie genau in der richtigen Stimmung für das folgende, runderneuerte Gedicht!

„Die Geschichte der grauen Maus"

Im Original heißt das Gedicht aus Heinrich Hoffmanns Struwwelpeter: „Die Geschichte von den schwarzen Buben".

Es ging spazieren vor dem Haus,
eine kleine graue Maus,
die Sonne schien ihr aufs Gehirn,
da nahm sie einen Sonnenschirm.
Da kam der Ludwig hergerannt
die Eintrachtfahne in der Hand.
Der Kaspar kam mit schnellem Schritt
und bracht' veganen Kuchen mit.

Und auch der Wilhelm war ein Toller
und kam mit dem Elektro-Roller.
Die schrien und lachten alle drei,
als dort das Mäuschen ging vorbei,
weil es so grau und farblos sei!

Da kam der große Nikolas
mit seinem großen Tintenfass.
Der sprach: „Ihr Kinder, hört mir zu
und lasst das Mäuschen hübsch in Ruh!

Was kann denn diese Maus dafür,
dass sie so blass, nicht ist wie ihr?"
Die Buben aber folgten nicht
und lachten ihm ins Angesicht
und lachten böse und auch rauh
über die arme Maus in Grau.
Der Niklas wurde furchtbar sauer,
aufgrund der bösen Buben-Power!
Er tunkt sie in die Tinte tief,
trotz Kaspar nach dem Anwalt rief,
bis übern Kopf ins Tintenfass
tunkt sie der große Nikolas.
Du siehst sie hier, wie grau sie sind,
viel grauer als das Mäusekind!

Die Maus voraus im Sonnenschein,
die Tintenbuben hinterdrein;
und hätten sie nicht so gelacht,
hätt Niklas sie nicht grau gemacht.

So könnte das Gedicht heute aussehen. Menschen müssen lernen, sich gegenseitig zu akzeptieren, und egal wie wir aussehen, am Ende sind alle gleich!

Übrigens können sich jetzt manche, die so etwas nicht gut finden, grün und blau ärgern, weil schwarz ärgern ist out.

Love me Gender

So ähnlich klang einst der Song den Elvis Presley sang und wir machen weiter mit Gendern leicht gemacht für jedermann.

Stars und Sternchen sind immer schon beliebt, wenn es um Promis geht, oder bei der Bewertung von Amazon-Produkten. Jetzt benutzt man sie beim Gendern. Doch wie gendert man richtig – oder macht man es gar nicht? Da gibt es einige Beispiele, wie Regierung und öffentliche Stellen damit umgehen.

Mein persönliches Highlight zum Thema: Wie gendert man engste Familienangehörige? Hierzu kommt folgender Vorschlag: „Als geschlechtsneutrale Alternative zu Mama/Mami und Papa/Papi schlagen wir Tata/Tati, Baba/Babi oder Fafa/Fafi vor. Ähnlich kann mensch **Ota/Oti, Oba/Obi oder Ofa/Ofi** als geschlechtsneutrale Alternativen zu Oma/Omi und Opa/Opi verwenden.“ Hat irgendjemand den Schlag gehört? Welcher Beamte stand hierfür Pate?

Ich persönlich könnte mir Fafi gut vorstellen, wenn dann Fafi mit ihrem Fifi zu OBI mit Obi und Ofi geht, dann haben wir Deutschen es sprachlich endlich geschafft. Über Offenbach lacht die Sonne, über Deutschland die Welt!

Da fühlt man sich als schreibende Zunft gleich zu Hause. Geht's noch? Ich glaube, dass einige Leute einfach zu viel Zeit darauf verwenden, sich solche Dinge auszudenken. Ich habe aktuell auch ein bisschen Zeit, das Ganze für mich unter satirischen Gesichtspunkten zu beleuchten. Da stellen sich auf einmal spannende Fragen, die man erst einmal sacken lassen muss. Zum Beispiel sinnieren Erwachsene darüber, ob man Kondome/Kondominnen auch außen tragen kann? Und gibt es demnächst auch „Billy Girl Kondominnen"?

Warum soll man/frau nicht mehr Mutter sagen?

„In der Berichterstattung über einen Gesetzesentwurf des Bundesfamilienministeriums wurde das Wort ‚Mutter' nicht verwendet, **weil die Redaktion niemanden diskriminieren wollte**. Stattdessen wurde von ‚entbindender Person' gesprochen. 02.04.2023."

Warum heißt es nicht mehr Muttermilch? Für ‚Mutter' wird in dem Handbuch ‚Austragendes Elternteil' empfohlen (‚birthing parents'). Für ‚Vater' wird künftig der Begriff ‚nicht-gebärendes Elternteil' (‚non-birthing parents') genutzt. **‚Muttermilch' wird entsprechend in ‚Elternmilch' oder ‚menschliche Milch' umformuliert**. 18.02.2021

Viel gelacht wird auch über den vermeintlich zu weit gehenden Gender-Irrsinn wie bei der „Salzstreuerin".

Es ist leider kein Witz: Für das in Brüssel befindliche Wahrzeichen „Manneken Pis" wird folgende großartige Alternative angeboten: **Manneken Pisfrau**. Ich piss mich weg!

Da mutet es schon völlig normal an, dass Ausdrücke für unbeliebte Menschen einen weiblichen Zuwachs erhalten. Herzlich willkommen im Bereich der Schimpfwörter, liebe „**Arschgeigin**!" Ein paar weitere schöne Begriffe habe ich nachfolgend kommentarlos aufgelistet:

Dominosteine/Dominasteine, Spinne/Spinnerin, Hai/Haiin,
Hecht/Hechtin, Hula-Hoop-Reifen/Hula-Hoop-Reifin,
Glotze/Glotzin, Rüde/Rüdin!!!

Gedicht über diverse Themen

Wenn ich es könnte, würd ich's ändern,
die Rede ist, na klar, vom Gendern.
Ob divers, Mann oder Frau,
keiner weiß es ganz genau.

Mancher denkt, wir sind von Sinnen,
Grabstein draußen, Grabstein-innen
Bürgersteig-innen oder Bürgersteige,
wozu ich jetzt gerade neige,
ratet mal – es wird schon warm.
Ich sag' es einfach: ab gen Darm.
Vielleicht klingt es ja viel zu barsch,
Gendern scheint mir für den Arsch!

Und wer hat's bestellt?

Ich stehe da und gender, direkt an dem Geländer,
oder steht die Genderin direkt an der Geländerin?
Du kannst beten oder hoffen, viele Fragen bleiben offen,
in wie vielen Ländern die Menschen heute gendern,
ob sie es hassen oder nicht, noch ist Gendern keine Pflicht.
Weil dich keiner dazu drängt, jeder macht es, wie er denkt,
wichtig wäre nur zu hoffen, dass die Leute, die betroffen,
die neuen Rollen überhaupt wollen!

Frieden und Eintracht auf der Buchmesse

Als Offenbacher hat man es nicht leicht. Jedes Jahr stehe ich mit meinem Frankfurter Verleger auf der Buchmesse und wir bieten dort Bücher aus den beiden etwas im Clinch liegenden Partnerstädten an. Natürlich ist es für meinen Verleger als Einheimischen deutlich einfacher, Bücher an seine Mitbürger zu verkaufen. Trotzdem gebe ich nicht auf und versuche, gemäß meinem Bildungsauftrag, Frankfurter Besuchern wahrer Literatur näherzubringen. Bisweilen gelingt das auch, wie folgende Szene belegt.

Gerd Fischer und ich standen gemeinsam vor unseren Bücherstapeln und freuten uns auf die kommenden Gespräche auf der Messe. Sie müssen sich die Situation wie folgt vorstellen. Auf der rechten Seite steht ein Eintracht-Bembel mit Eintracht-Schal, dazu die Frankfurt-Krimis. Links steht der OFC-Bembel mit Kickers-Schal und den Offenbach-Krimis. So gerüstet warteten wir auf nette Leute, die spannende Literatur lieben oder halt auch mal einen Frankfurt-Krimi.

Wie in jedem Jahr hatten wir beide auf dem Plan, mehr Bücher als der andere zu vermarkten. Auf einmal blitzten die Augen meines Verlegers siegessicher, als er auf den vor ihm stehenden Mann schaute. Ein zu Adipositas neigender Eintracht-Fan schaute missbilligend auf die Serie der Offenbach-Krimis. Nur Kenner der Szene konnten auf den ersten Blick seine Fanzugehörigkeit einschätzen. Der Adler auf dem T-Shirt, die Fan-Tattoos sowie eine Eintracht-Kappe gaben zarte Hinweise auf seinen Lieblingsverein. Mit tiefer, sehr rauer Stimme sagte er im zweitbesten Hochdeutsch: „Des fass isch mit de Kneifzang net an!"

Worauf ich ihm antwortete: „Wieso?"

„Kickers!"

Ich schaute ihn fragend an. „Ich dachte immer, ihr Frankfurter wollt wissen, was wir Offenbacher über euch denken!"

„Des steht da drinne?" Ich nickte mehrmals. „Was kost des?"

Ich antwortete: „Zwölf Euro!"

„Kauf isch!" In diesem Augenblick verlor sich das Grinsen meines Verlegers und wich einem starren, ungläubigen Blick. Mit einer netten Signatur zog der Eintracht-Fan mit dem richtigen Buch in der Hand von dannen.

Ich sah es eher gelassen. Bildungsauftrag vollumfänglich erfüllt. 😊

Doch am nächsten Tag sollte diese Begegnung getoppt werden. Zwei gutaussehende junge Damen im Trikot der anderen Mainseite kamen zu unserem Stand geschlendert. Mein Verleger zog den Bauch ein und stellte sich in Positur. Die beiden Frauen wollten Krimis kaufen. Gleich legte er seine komplette Serie Frankfurter Krimis auf die Theke.

Entgeistert schauten die zwei ihn an. „Wir wollen die Offenbach-Krimis von Thorsten Fiedler kaufen."

Nach kurzer Zeit hatte er seine Fassung wiedergewonnen. „Welchen Band der Krimis wollt ihr gerne?"

„Alle fünf, die ganze Serie.“ Dann lagen meine Bücher auf der Theke. Die Damen schauten kurz auf den Stapel und meinten lapidar: „Wir möchten beide die komplette Serie mitnehmen!“ Und wer jetzt meint, dies sei mein Highlight des Tages gewesen – nein, war es nicht, denn jetzt kommt es. Bei der Bezahlung meiner Offenbach-Krimis zückten die Mädels die Kreditkarte mit dem Eintracht-Frankfurt-Adler … Das Leben kann so schön sein.

Entspannungsgedicht: Zorro is back oder die Rückkehr der Maske

Corona hat die Maskenkultur von Zorro wieder weit nach vorne gebracht. Man spricht von Verhütung, nur an der falschen Stelle.

Das ganze Dorf hier ist schockiert,
denn die Frau ist nicht liiert,
und doch führt das Liebesspiel
zu einem ungewollten Ziel.
Erst hatte sie es nicht gerafft,
dann war sie da, die Schwangerschaft.
Der Vater: Deutscher, Pole, Baske?
Sie weiß es nicht, er trug 'ne Maske.
Jetzt hilft auch nicht mehr alles Klagen:
Hätt er sie untenrum getragen.
Dann wüsste sie für später,
wer er war, der Übeltäter.

Déjà-vu oder Der Nomade is back

Natürlich hat der geneigte Leser recht, wenn er denkt, dass in der Regel die Mieter arm und schützenswert sind, während der böse Vermieter eher an den Rand einer Enteignung gebracht werden sollte. Aber da sind wir tatsächlich unterschiedlicher Meinung. Eine Mieterin, nennen wir sie einfach Kassira Absahni, neigte dazu, ihre jährlich zu zahlende Rechtschutzversicherung bis zur Neige auszukosten. Ob es nun um nicht mehr existente Partnerschaften, Handwerker, Lebensabschnittsgefährten, Vermieter, Ex-Vermieter oder Ex-Ex-Vermieter ging, es wurde alles verklagt, was nicht bei drei auf dem Baum war. Kaum fiel im Sommer einmal die Heizung aus, nahm sich Kassira ein Hotelzimmer auf Kosten des Vermieters und minderte für den kompletten Monat die Miete inklusive Umlagen um 70 Prozent. Tatsächlich gibt es immer noch Rechtsanwälte, die möglicherweise mangels normaler Mandantschaft hier die Option sehen, sich ein wenig hinzuzuverdienen.

Was hat man einem solchen Rechtsbeistand nur angetan, das ihn dazu bewegt, in den untersten Niederungen, sozusagen im Schlamm der Rechtsverdrehung, seine Erfüllung zu finden? Oder war er gar von der Mandantin und ihren Versprechungen angetan?

Denn versprochen hat sie sich oft, weil es manchmal schwierig ist, sich zu erinnern, was man unlängst noch vollmundig behauptet hat. Selbst das Haustier war Kassira nicht zu schade, denn auch hier witterte sie trüffelschweinlike eine Chance, sich die Tierarztkosten der letzten Monate vom Vermieter erstatten zu lassen. Noch hat der beauftragte Jurist nicht genau dargelegt, warum jetzt auch noch die Tierarztkosten die monatliche Miete mindern sollten. Meine Vermutung liegt im Bereich einer Depression und schwerer seelischer Leiden des ansonsten sehr robust wirkenden Haustiers. Vielleicht leidet das Tier unter den „bad vibrations" zwischen Kassira und dem Vermieter. Man kann jetzt nur hoffen, dass sich das Zerwürfnis nicht auch auf die Verwandtschaft von Frau Absahni auswirkt. Weitere

Mietminderungen würden dazu führen, dass die Mieterin keine Zahlung mehr leisten muss, sondern, im Gegenteil, für jeden Monat, in dem sie dort wohnt, eine nicht unerhebliche Zuzahlung erhält. Das sogenannte Wohngeld, nur dass es nicht vom Amt kommt. Was soll man sagen? Wir haben uns einfach komplett vermietet. Wie sang schon Udo Jürgens in einem seiner meistgehörten Schlager: „Aber bitte Absahni"! Immerhin könnte Kassira bei einem weiterhin positiven Verlauf ihrer Wohnumstände die erste Mietmillionärin werden. Ob ihr erstes Buch tatsächlich den Titel „Top-Rendite ohne Miete" trägt, bleibt noch offen, so offen wie die Zahlung ihrer Miete. So wenig Geld wie auf unserem Mietkonto befand sich sonst nur noch im überflüssigen Geldspeicher von Kickers Offenbach …

Und ewig grüßt das Murmeltier

Es war einmal eine Fußballmannschaft, die schien in einer ewigen Zeitschleife gefangen, nach dem Motto „Ewig grüßt das Murmeltier“. Es gab den HFV (Hessisches Freude Verbot) und den DFB (Der Frankfurter Bund). Beide wollten sie den kleinen Verein von der für sie falschen Mainseite für immer in den Abgründen der Regionalliga gefangenhalten. Viele Trainer, Manager und Spieler kamen und gingen, aber der OFC schien wie festgetackert. Namhafte Fußballer verloren mit dem ersten Arbeitstag in Offenbach ihre bis dahin gute Form, bekamen Rennblockaden oder eine Torschuss-Amnesie. Das gegnerische Tor war wie vernagelt, wogegen das eigene Scheunentor-Charakter bekam. Der Bieberer Berg, einst eine gefürchtete Festung, wurde zum beliebten Ausflugsziel für viele Dorfvereine, die sich endlich mal wieder ein Erfolgserlebnis gönnen wollten. Zum Abschluss eines harten Tages im Supermarkt fuhren sie nach Feierabend im Konvoi zum

Bieberer Berg, holten ihren ersten Saisonsieg, und auf dem Rückweg waren die drei Punkte sicher im Kofferraum verstaut. Bei den Auswärtsspielen des OFC reisten teilweise tausend Fans mit der Mannschaft nach Freiberg, Balingen oder zu anderen namhaften Gegnern. Das spülte einen Haufen Geld in klamme Vereinskassen, davon kauften sie gute Spieler und stiegen auf. Leider verirrten sich zu den Heimspielen der erfolglosen Kickers nur vereinzelte zahlende gegnerische Fans, wobei wir uns hier eher im Singular als im Plural befinden. Sobald ein OFC-Fan in den Spiegel schaute, fragte er sich, wie viele davon wohl kaputtgegangen sein mochten, um das Pech über Jahre hinweg zu konservieren. Eine Fan-Initiative rund um den Privatdetektiv Adi Hessberger beschloss nun, dass es endgültig Zeit wurde, der Regionalliga Südwest den Rücken zu kehren und sich aufzumachen, den beschwerlichen Weg Richtung Aufstieg zu beschreiten. Diese Saison hat man es harmonisch ausklingen lassen, die Mannschaft zum Teil zusammengehalten und punktuell verstärkt. Ab der neuen Saison ist dann Schluss mit lustig, vor allem für die Gegner.

Als erste Maßnahme wurden die Gesangstexte punktuell verändert. Das Lied: „Steht auf, wenn ihr Kickers seid“ wurde ersetzt durch: „Steigt auf, wenn ihr Kickers seid“. Eine entscheidende Maßnahme war die Suche nach einem geeigneten Punkte-Lieferanten, denn damit stand und fiel der Tabellenplatz. Weiterhin wurden Stürmer mit Torschussgarantie verpflichtet, dies wurde in den letzten zwölf Jahren leider versäumt. Der Abwehr wurde es bei Höchststrafe untersagt, mit weißen Fahnen aufzulaufen, weil dies auf den Gegner den Eindruck machte, man wolle vorzeitig kapitulieren. Laut neuen OFC-Statuten sollte es künftig auf dem Spielfeld menschenrechtskonform zugehen und kein einziger Offenbacher sollte mehr im Abseits stehen. Jeder Schiedsrichter, egal ob zu Hause oder auswärts, sollte den Krimi „Schlusspfiff“ vorab als Pflichtlektüre zugesandt bekommen. In diesem hat sich ein Serienmörder auf Fußball-Schiedsrichter spezialisiert. Der Lesestoff sollte die

Spielleiter dazu anregen, sich mit dem eventuellen Altwerden vertraut zu machen und den Gründen, die möglicherweise dagegenstehen könnten. Mit diesen punktuellen Änderungen wollte sich der OFC punktemäßig an die Tabellenspitze katapultieren.

Marc, Mittelfeldspieler des Aufsteigers in spe, meinte lapidar: „Die Gegenspieler werden wie Wachs in meinen Händen sein", während sein Kollege Sascha anfügte: „Wenn die anderen gewinnen wollen, geben wir ihnen einfach einen Korb." Das bejahte der Kickers-Trainer und sein Fazit lautete: „Ich bedaure unsere Gegner! Bei den sich hoffentlich einstellenden Erfolgen wird es für sie mit dem Neid hart!" ☺

Stadion Rote Erde

Apropos Neid, kaum jemand weiß, dass ich vor vielen Jahren international Fußball gespielt habe. Ja, manchmal wird man als Leser auch noch überrascht. Da schreibt der Kerl regionale Krimis und hat nationenübergreifend Fußball gespielt. Es war eine großartige Zeit, damals noch geprägt durch ARD, ZDF, Wim Thoelke und Rudi Carrell. Die Angebetete lernte man nicht auf Tinder, sondern in der Sendung Herzblatt kennen. Es gab noch grüne, weiße und graue Tasten- oder Wähltelefone und Faltpläne statt Navigationsgeräte. Und wir haben unseren Urlaubsort in Frankreich nur mithilfe einer Landkarte gefunden, für die Jugend heute unvorstellbar.

Damals klingelte man noch an der Haustür oder warf Steinchen an die Fensterscheibe. Zu dieser Zeit war der internationale Fußball ein wenig härter als heute. Foulspiel war dann, wenn der Krankenwagen kam. Ansonsten ging es richtig zur Sache, und die Haltbarkeit der Hautpartien am rechten und linken Oberschenkel überdauerte nur in seltenen Fällen eine Halbzeit auf den roten Hartplätzen. Wer am Boden lag, tat dies nur aus einem einzigen Grund. Sobald der Gegner vorbei wollte, lautete die Gretchenfrage: Wie heftig soll ich grätschen? Eines der gefährlichsten und weithin über die Landesgrenzen hinaus gefürchtetsten Mittel, den Gegner zu stoppen, war, ist und bleibt die Offenbacher Blutgrätsche, hier kommen die farblichen Vorzüge des roten Hartplatzes hervorragend zur Geltung.

Unterbrechungen gab es so gut wie nie, außer bei den vielen Gegentoren, die wir neben dem Staub schlucken mussten. Nach dem Sonntagsspiel hatte die Haut bis zum nächsten Mittwochstraining Zeit, die kleinen Steinchen rauseitern zu lassen und somit Platz für neues Material zu schaffen. Diese internationale Härte war den Engländern einfach zu heftig und so kam es, dass wir meistens gegen südländische Mannschaften spielten. Hier ein kleiner Auszug unserer namhaften Gegner: Croatia Obertshausen, Portugues Offenbach, Inter Dietzenbach, Türkisch Dreieich, Italsud Offenbach,

Hellas Dietzenbach, Europa Obertshausen oder Zrinski Offenbach. Ja, die Kreisklasse Offenbach hatte einige Knaller zu bieten. Jeden Sonntag war Weltreise angesagt. Unsere Mannschaft zum Beispiel, der FC Wacker Offenbach, tat sich durch ein Übermaß an Gastfreundschaft hervor, vor allem auf unserem eigenen Platz „Stadion Rote Erde". Durch jahrelanges Mensch-ärgere-dich-nicht-Spielen waren wir perfekt darin geschult, Sieg und Punkte tränenlos unseren Gegenspielern zu überlassen. Deshalb waren wir in der Beliebtheitsskala der Kreisligamannschaften ziemlich weit oben angesiedelt. Natürlich beschränkte sich das nur auf die Geschehnisse auf dem Platz. Neben dem Platz zeigten wir unser wahres Gesicht, denn beim Après-Fußball teilten wir ungern, dies galt vor allem für unsere Biervorräte. Da verstanden wir überhaupt keinen Spaß. Diese Zeiten sind natürlich lange vorbei, aber manchmal habe ich meine nostalgischen Augenblicke, und dann teste ich am Morgen meine Reflexe, die als ehemaliger Torwart immer noch ganz gut sind.

Unter Offenbacher-Bahnschranke.de findet man viele meiner Verzögerungsparaden. Da es damals keine Zeitlupe gab, war ich ein Vorreiter dieses Genres. Die Flugeinlagen waren teils spektakulär, allerdings zappelte zu diesem Zeitpunkt der Ball schon längst im Netz …

Das gemeine Glasfaserkabel

Eines Morgens schaute ich aus dem Fenster und stellte fest, dass der Bürgersteig vor unserem Haus komplett abgesperrt war. Mein Auto stand so ungünstig hinter der Absperrung, dass ich es an diesem Tag wohl nicht benutzen konnte. Das veranlasste mich, einen fremdländisch anmutenden Herren mit einem gelben Helm auf diesen Umstand anzusprechen. Ich fragte ihn freundlich, was denn der Anlass für diese Baustelle sei. Unverständnis machte sich in seinem Gesicht breit, fast so breit wie die Absperrung vor meinem Wagen. Er zeigte auf ein Schild, das vor etwa vier Jahren dort platziert worden war. „Halteverbot wegen Gehweg-Arbeiten ab dem 15. Juni 2020“. Dieses Schild war mir bekannt, aber die angekündigten Maßnahmen hatten sich dann hintenraus geringfügig verzögert, sodass das Schild seitdem einfach zu unserem täglichen Leben gehörte, ohne jemals Beachtung zu finden. Immer noch in

Gedanken, hörte ich die Worte des Baustellenleiters.
„Faserglas sechs Wochen."
Ich nickte ihm wohlwollend zu und fragte: „Sie wollen diese Straße ans Glasfaserkabelnetz anschließen und die Bauarbeiten dauern etwa sechs Wochen?"
„Faserglas acht Wochen!"
Hatte er nicht eben noch sechs Wochen gesagt? Ich hütete mich davor, noch einmal nachzufragen, um den Prozess nicht noch weiter zu verlängern. Von da an war unser Bürgersteig etwa zehn Wochen aufgerissen und es tummelten sich dort viele arbeitende Menschen, die ich leider aufgrund meiner mangelhaften Sprachkenntnisse kaum bis gar nicht verstand. Aber immerhin winkten wir uns morgens und abends freundlich zu. Eines Tages war der komplette Baustellentrupp verschwunden. Es war kaum etwas zurückgeblieben, das an diese aufregende Zeit erinnerte. Gut, die etwa 200 Bodenplatten hatten jetzt alle unterschiedliche Höhen, sodass Schneeschieben im nächsten Winter zu einer Herausforderung werden würde. Die Fugenbreite variierte nun zwischen

einem halben und drei Zentimetern. Leider grenzten die Platten nicht mehr an den Bordstein, stattdessen standen sie mit einer 20-prozentigen Neigung direkt am Gartenzaun. Es fehlte auch die Markierung für die Anschlussstelle der Glasfaserverlegung ins Haus, und zwar aufgrund der Tatsache, dass der Punkt mit wasserlöslicher Kreide markiert worden war. Ansonsten gab es wirklich nichts zu bemängeln, und man muss ja auch nicht jedes Mal die Goldwaage hervorholen. Übrigens hatte die Telefongesellschaft für den 19. Juni 2024 einen Termin um 14.00 Uhr vereinbart. Der Mann kam, womit ich nicht gerechnet hatte, pünktlich und wirkte auch sehr kompetent. Nachdem er sich das Haus angesehen hatte, machte er mir ein paar Vorschläge, die ich mir in Ruhe überlegen könnte. Am 28.06.24 bekam ich dann eine offizielle Mitteilung, dass der Termin am 19.06.24 leider nicht stattfinden könne. Jetzt frage ich mich natürlich, wer der Herr am 19.06. gewesen ist. 😉
Das Thema Baustelle sollte mich allerdings schon am nächsten Tag wieder einholen.

Das Reizverschlussverfahren

Kennen Sie auch die sogenannten Geisterbaustellen? Da fährst du wochenlang auf einer Straße, bei der man drei Spuren auf eine verlegt hat, und kein Mensch arbeitet dort. Bitte, wer plant denn so etwas? Dabei kann es sich eigentlich nur um führerscheinlose Politiker im Homeoffice handeln oder Menschen, die einen Straßenkrieg anzetteln möchten. Erschwerend kommt die im Normalfall lobenswerte Erfindung des Einfädelns hinzu.

Ich nenne es „**Reiz**verschlussverfahren" für Anfänger. Waren Sie schon mal in einer ähnlichen Situation? Mir kommt es vor, als würde es sich täglich wiederholen. Welcher Idiot hat denn das Reizverschlussverfahren erfunden und noch schlimmer, wie doof muss man sein, um es nicht zu verstehen?

Jeden Abend stehe ich auf dem Taunusring und rechts vom Zubringer kommen die Autofahrer, die nach links auf meine Spur wechseln möchten. Die Grundidee ist ganz einfach gestrickt. Man stellt sich rechts in der Schlange an, fährt so bald wie möglich bis ganz nach vorne und dort – nur dort – wird eingefädelt. Doch was tun die Schwachmaten? Sie fangen schon von hinten an sich einzufädeln. Damit fahren während des vorgezogenen Einfädelvorgangs von hinten vier bis fünf neue Fahrzeuge vorbei, die dann natürlich auch die Spur wechseln möchten. Geschickt eingefädelt ist anders! Alle, die sich auf meiner Spur befinden, frage ich ernsthaft: „Warum lasst ihr diese Einfädelverweigerer überhaupt rüber?“ Und euch anderen stelle ich die Frage: „Unter welcher Ladentheke habt ihr euren Führerschein eigentlich gekauft?“ Apropos, wieso darf man eigentlich noch Führerschein sagen? Müsste man dies nicht eher überdenken, bevor man sich mit der Namensgebung der Mohren-Apotheken beschäftigt?

Wenn Entotarier Grillen grillen

Mein Plan, ein EM-Spiel von Deutschland zusammen mit Freunden bei uns im Garten zu schauen, schien anfänglich eine gute Idee zu sein. Zumal es kein großer Aufwand ist: Bier holen, Würstchen auf den Grill und los geht es.
Leider kann es sich als großer Fehler herausstellen, wenn man unbedacht eine Einladung zum Essen ausspricht. Früher hatte man immer etwas im Haus und hat die spontan Eingeladenen satt bekommen. Heutzutage handelt es sich bei einem kurzfristigen Grill-Event um eine Art Lotteriespiel. Auf der Plattform der potenziellen Gäste tummelt sich eine bisher nicht gekannte Vielfalt von Menschen mit Essgewohnheiten, die sich dem Betrachter nicht immer erschließen. Bis die Vegetarier in unser Leben traten, schien noch alles in Butter. Auf einmal bekamen die Wiesen-Bruzzler ein leicht negatives Image. Einfach mal ein paar Würstchen auf den Grill werfen, gehört nun endgültig der Vergangenheit

an. Selbst bei Menschen, die nicht vegetarischer Herkunft sind, muss im Vorfeld geklärt werden, ob zum Beispiel Schweinefleisch aus religiösen Gründen nicht verzehrt werden darf. Dieses Problem ist im Prinzip sehr einfach mit Rindswürsten zu lösen, aber sie sollten natürlich nicht auf demselben Grill liegen wie die Schweinebratwurst. Jetzt werden Sie, liebe Leser, anmerken, dass es doch kein Problem ist, auf zwei Grills gleichzeitig zu grillen. Da bei uns früher ein Grill locker ausreichte, gehöre ich zu den Menschen, die über ihren Grill nur im Singular sprechen.

Außerdem wird noch mit Kohle gegrillt, was auch zu befremdlichen Blicken meiner gasgrillenden Gäste führte. Zum Glück hatte ich reichlich Huhn eingekauft. Hühnchen ist relativ unkritisch, außer, zum Essen wird Saté-Soße gereicht, und als einer meiner Gäste in der 25. Minute des Spiels einen Erstickungsanfall aufgrund einer nicht bei mir vorab angemeldeten Nuss-Allergie bekam, waren wir froh, dass einer der anwesenden Ärzte sich in der Halbzeit um ihn kümmerte. Klar, das Röcheln störte bis zur Halbzeit unheimlich, aber ich habe den Fernseher einfach etwas lauter gestellt und schon hat es wieder gepasst.

Deswegen lege ich großen Wert darauf, dass diese Punkte im Vorfeld mit den jeweiligen Ärzten der Anwesenden abgeklärt werden. Man kann das Gestöhne schließlich keinem der anderen Gäste zumuten, die sich auf vegetarisches Grillgut und Fußball gefreut haben. 😌 Dann steht einem leckeren Grillabend kaum noch etwas im Wege. Es sei denn, unter den Mitessern befindet sich ein Veganer, das würde die Auswahl an möglichen Speisen nochmals reduzieren. Bei dieser Gelegenheit stellt sich die Frage: „Wo wohnen eigentlich Veganer?“ Vielleicht in Linsengericht (Hessen)?

Es liegt mir absolut fern, ein Horrorszenario aufzuzeigen, aber der Albtraum geht ja noch weiter. Mal abgesehen davon, dass ein paar Leute gerade Diät machen und lieber Salat ohne Speck, Nüsse, Zwiebeln und Soße bevorzugen, gibt es natürlich noch weitere Varianten der neuen Esskultur, wie zum Beispiel die Pescetarier. Sie essen kein Fleisch, aber Fisch, Ovo-Vegetarier essen keine Tierprodukte, aber Eier, Frutarier essen vegan, aber ernähren sich nur von Pflanzen, die bei der Ernte nicht zerstört werden. Entotarier essen nicht etwa Enten, sondern sie verzichten auf Fleisch von Tieren, essen aber Insekten. Flexitarier essen nur wenig Fleisch und wenn, dann von hoher Qualität. Die Rohköstler essen wider Erwarten Rohkost, die höchstens bei 40 Grad erhitzt wurde. Dann gibt es noch das Clean Eating. Hier kommen natürliche und unbehandelte Nahrungsmittel auf den Tisch, der allerdings nur aus naturbelassenem Holz Akzeptanz findet. Fassungslos sehe ich mich weiteren Essgewohnheiten gegenüber, wahrscheinlich erfunden von der hochpreisigen Nahrungsmittelindustrie. Einer meiner Favoriten ist der Semi-Vegetarier, er isst Geflügel und Fisch, aber kein rotes Fleisch, oder der Carnivore, der vorrangig Rindfleisch und Wasser zu sich nimmt. Bei einer Variante des Carnivoren dürfen auch Eier von glücklichen Hühnern (psychiatrisch festgestellt), Milchprodukte, Käse, Butter und Gewürze verzehrt werden. Und dann wird es noch mal sehr puristisch mit der Lion-Diät: Rindfleisch, Salz und Wasser. Natürlich gibt es auch noch entspannte Gäste wie meine angehende Flexiganerin mit Wechsel-Optionen.

Insgeheim wünschte ich mir, dass sich innerhalb der im Garten befindlichen Gäste auch ein paar Anhänger des Kannibalismus befänden, da ist der Genuss von Fleisch erlaubt, wenn nicht sogar erwünscht. 😊

Dazu trinkt man ein warmes (des Magens wegen), alkoholfreies Radler („Bin mit dem Auto da“) ohne Kohlensäure („Da muss ich immer aufstoßen“). Das ist ein echtes Schmankerl und eröffnet total neue Perspektiven bei der Planung zukünftiger Einladungen. Ich habe mich entschlossen, nur noch unter Ausschluss der Öffentlichkeit zu grillen.

Auch die heimische Gastronomie wird immer mehr mit dieser Thematik konfrontiert, und so könnten Sie demnächst Zeuge eines solchen Dialogs zwischen Gast und Bedienung werden:

Mann: „Guten Tag, ist das laktosefrei?"

Bedienung: „Selbstverständlich!"

Mann (130 Kilogramm schwer, Neigung zu extremer Adipositas): „Wie sieht es mit dem Fettanteil aus?"

Bedienung: „Im Gegensatz zu Ihnen ist das Produkt zu 100 Prozent fettfrei!"

Mann: „Und was ist mit Gluten?"

Bedienung: „Vollkommen glutenfrei!"

Mann: „Wie sieht es mit dem Alkoholgehalt aus?"

Bedienung: „Ihre Bestellung enthält keinen Tropfen Alkohol!"

Mann: „Gut, dann ist ja alles in Ordnung. Also wenn es vegan ist, dann dürfen Sie mir eins bringen. Es ist doch vegan?"

Bedienung: „Keine Sorge, das gibt es hier nur in veganer Ausführung. Groß oder klein?"

Mann: „Vielen Dank für die gute Beratung, ich nehme dann das kleine Mineralwasser ohne Kohlensäure!"

High Noon oder auf hessisch: Nun high

Es war einmal eine kleine hessische Stadt, die vor allem für ihren Wochenmarkt, die Internationalität und eine der höchsten hessischen Erhebungen, den Bieberer Berg, weit über die Landesgrenzen hinaus bekannt war. Die allermeisten Einwohner europäischer und außereuropäischer Staaten hatten Verwandtschaft in Offenbach. Deshalb gab es auch viele kleine Geschäfte für den weltweiten Geldtransfer, die dafür sorgten, dass die Menschen rund um den Globus zentralisiert aus der Mainstadt mit ausreichenden Barmitteln versorgt wurden. Von Ankara über Istanbul bis hin zu den wenig besiedelten Gebieten der afrikanischen Steppe gab es große Gemeinsamkeiten. Denn hier lebten viele Kinder der inzwischen in Offenbach ansässigen Auswanderer. So ist es auch nicht verwunderlich, dass kaum eine andere Stadt einen ähnlich hohen Bekanntheitsgrad aufweist. Gefühlt kommt die Stadt Offenbach für drei bis

vier Millionen Kinder weltweit auf, deren Eltern vermeintlich waschechte Offenbacher sind.
Und eines Tages, während eines Urlaubs, erfuhr ich die Wahrheit direkt von einem Protagonisten der Szene.
Es war glühend heiß, der Wüstensand brannte unter meinen Füßen. Keine einzige Wolke am Himmel, kein Schatten. Da erschien auf einmal ein Kamel am Horizont. Nach einer Weile standen ein Beduine und ein schwankendes Wüstenschiff vor mir. Auf dem Rücken des Kamels hing eine große Kiste mit einer Aufschrift, die ich leider nicht lesen konnte. Mithilfe meines Handy-Übersetzers erhielt ich die Lösung: „Eiskalter Äppler und Handkäs to go“. Entgeistert schaute ich den Beduinen genauer an. Vorsichtig formulierte ich meine Frage:
„Sprechen Sie Deutsch?“
„Gude! Ei horsche mol, du Babbsack, isch bin en wascheschter Hesse und mei Babba is Offebescher.“
Es stellte sich heraus, dass der Beduine Erwin hieß, und nach zwei Portionen heißer Kamelmilch mit Äppler erzählte er, dass es hier im Umkreis mehrere Offenbacher

Beduinendörfer gebe. Begeistert zeigte er mir Fotos seines Dorfs. Alles wirkte sehr gepflegt. Es gab luxuriöse Beduinenzelte, so weit das Auge reichte, und an einigen konnte man die Aufschrift „Powered by Offenbach“ lesen.

Überall sah man Plakate des Offenbacher Oberbürgermeisters Dr. Schwenke mit dem Titel „Shukran Felix", kurz übersetzt: „Danke, Felix!"

Da kamen bei mir echte Heimatgefühle auf. Ich verbrachte eine Nacht bei den gastfreundlichen Offenbacher Beduinen. Was ich vorfand, ist mit Worten kaum zu beschreiben. Viele der Zelte zierten gelbe, mir sehr vertraute Aufkleber: „Offenbacher sind überall." Kickers-Schals hingen in jedem Zelt und dann gab es noch einen Knaller. Irgendwie hatte ich mir in meinem bisherigen Leben nie die Frage gestellt, wie ein handelsüblicher Beduine wohl mit Vornamen heißen mag. Erwin stellte mir seine dreizehn Brüder vor. Das waren Fred, Peter, Volker, Niko, Lothar, Rainer, Amand, Winfried, Egon, Josef, Norbert, Otto und Siggi. Die Vornamen des OFC-Kaders der Saison 73/74. Ich dachte darüber nach, kurzfristig meinen Lebensmittelpunkt zu verlegen, denn diese Beduinen sprachen mir deutlich mehr aus der Seele als die Menschen in meiner Heimatstadt. Jetzt endlich konnte ich auch ermessen, wie groß der Offenbacher Landkreis tatsächlich war. Auf jeden Fall viel größer, als ich jemals gedacht hatte.

Zum Schluss wollte ich von Erwin noch wissen, wie sich diese komplette Beduinen-Zeltstadt finanzierte. Er zwinkerte mir zu und meinte: „Felix sorgt für uns!“

Zum Abschied schenkte mir Erwin das neuste Kickers-Auswärtstrikot und einen Handkäs to go.

Die Beduinen-Mannschaft 1973/74 winkte mir noch lange hinterher. Und wenn so mancher Politiker sagt, den oder die müsste man in die Wüste schicken, dann muss das gar nichts Schlimmes bedeuten. 😊

Das, was mir passiert ist, ereignet sich tagtäglich, weltweit und vielleicht sogar darüber hinaus, denn Offenbacher sind überall.

Das spiegelt sich auch in den Gewohnheiten der Menschen anderer Regionen wider. Eines der neuen In-Getränke in Istanbul ist beispielsweise der Appelwoi-Mokka, ein belebendes Heißgetränk, das vor allem in den Vormittagsstunden genossen wird. Doch diejenigen, die von dort in die hessische Metropole ausgewandert sind, müssen auch nicht darben. Die Cannabis-Hauptstadt sorgt für eine entspannte Atmosphäre allerorten, und Aufregung kommt nicht in die Tüte.

Tja, wahrscheinlich läuft es in der hessischen Metropole nicht zu 100 Prozent umweltkonform. Während vielerorts die Tüten abgeschafft wurden, erleben diese in Offenbach eine Art Renaissance. Ein Großteil der einheimischen Bürger geht ohne Tüte überhaupt nicht auf die Straße. Dabei werden diese teilweise sogar öffentlich verbrannt. Entspannung liegt förmlich in der Luft.

Auf dem Bieberer Berg geht es nicht ganz so gechillt zu, denn hier atmen echte Fans noch den verbotenen Bengalorauch auf Lunge.

Zahn um Zahn

So steht es schon in der Bibel geschrieben, allerdings mit einer ganz anderen Bedeutung. Ich möchte hier auf eine himmelschreiende Ungerechtigkeit hinweisen, die Erwachsene im Hoch-Zahnverlust-Alter eindeutig benachteiligt. Ausgerechnet dann, wenn es sich endlich mal lohnt und man/frau in ausreichender Zahl ausgeschiedenes Zahnmaterial zur Verfügung hat, um dieses unter dem Kopfkissen zu platzieren, dann ist auf einmal weit und breit keine Zahnfee mehr zu sehen. Deshalb fordert der von mir gegründete Verein für ausgefallene Erwachsenenzähne (VfaEZ) Zahnfeen (Feeinnen) für Menschen im fortgeschrittenen Alter. Ständig fallen die Zähne kommentarlos aus dem Kiefer und da wäre eine kleine Entschädigung unter dem Kopfkissen herzlich willkommen.

Der Zahn der Zeit, so sollte mein Gedicht betitelt werden, doch dann stieß ich schon auf die ersten Bedenken und Fragezeichen. Wenn ich jetzt beginne, über einen Milchzahn zu philosophieren, wie tief muss ich in die Gefühlswelt der Menschen eindringen? Haben zum Beispiel Veganer mehr Probleme mit ihren Milchzähnen als andere Menschen? Wie ist das Verhältnis von Vegetariern zu ihrem Zahnfleisch? Wie viele strohdumme Menschen besitzen tatsächlich noch ihre Weisheitszähne? Sollte die Bezeichnung für einen einzig verbliebenen und somit hochragenden „Restzahn“ wirklich steiler Zahn heißen? Können Mathematiker besser mit einer Wurzelbehandlung umgehen als Otto Normalverbraucher? Gibt es die Zahnfee wirklich? Oder ist sie nur eine Erfindung von Spielzeugherstellern – analog dem Valentinstag? Hat uns Männer der Neid auf Frauen mit Silikon-Verstärkung so weit gebracht, dass wir auch gerne damit angeben wollten, Implantate zu haben? Ist Zahnfleisch ein Gaumenschmaus? Allen diesen Themen wurde in der Fachwelt und bei den Politikern deutlich zu wenig Aufmerksamkeit geschenkt, deshalb möchte ich mit meinem Gedicht in drei Akten die Öffentlichkeit suchen und für uns Menschen mit Zahnschwund eine Art Plattform bilden.

Der Zahn der Zeit (Ein Gedicht in mehreren Akten)

Der Sabber läuft aus dem Gesicht,
so richtig schön ists wahrlich nicht,
und die Wangen stark gerötet,
Geschrei, das fast den Nerv uns tötet.
Wir schaun bei ARD und VOX,
die Hilfe heißt wohl Dentinox
und wird es dann so richtig hart,
die letzte Hilfe Kamistad
auf das Zahnfleisch aufgetragen
und schon ist es Schluss mit Klagen.
Als die Eltern auf dem Zahnfleisch krochen,
sind die Zähne endlich durchgebrochen.
Die Freude, die war riesengroß,
doch bis zum ersten Stillen bloß.

Wenn du dann mal heulen musst,
steckt der Zahn tief in der Brust.
Später wird es dann gechillt,
mit dreizehn, wenn sie abgestillt,

es bleiben Flecke und auch Narben,
es schillert noch in vielen Farben,
weil Mädel oder auch der Knilch
saugten an der Elternmilch.

Ja, das war der erste Streich und der zweite folgt sogleich.

Der Zahn der Zeit (Teil zwei oder der Teil mit den Zweiten)

Mancher möchte sie nicht missen
und legt sie doch unter sein Kissen,
dies Verhalten füllte Bände,
wir reden hier vom Milchzahn-Ende.

Ausgefallen ist der Zahn
fast mehr noch als die Deutsche Bahn,
da hörst du oftmals ein Oje,
bis sie erscheint, die gute Fee.

Zahnfee, sagt man, sei ihr Name,
zuständig für die Zahnentnahme,
sorgt sie, wird das Zahnfeld lichter,
dennoch für heitere Gesichter.

Wenn Kinder morgens dann erwachen,
unterm Kissen schöne Sachen,
sorgt das oftmals für Entzücken,
trotz der vielen Zahnfrei-Lücken.

Und das war der zweite Streich, der mit den **Dritten** folgt sogleich.

Der Zahn der Zeit *(der dritte Teil oder der Teil mit den Dritten)*

Mit zehn hat man noch keinen Schimmer,
du denkst, die Zweiten sind für immer,
dass dein Gebiss für ewig hält,
doch dann merkst du: böse Welt.

Alter und Parodontose
und schwupp, schon sind die Zweiten lose,
die Wurzel weich, die Wangen hart,
sogleich spricht man vom Implantat.

Stress wegen der Zahneslichte,
und zu wenig Knochendichte.
Macht ein Kiefer, ein zu weicher
manchen Zahnarzt sehr viel reicher.

Patienten mit den Zähnen mahlen,
weil sie viel dazu bezahlen.
Am Ende folgt dann oft der Schreck,
erst Zähne und dann Geld sind weg.

Da ist es schwer nicht abzustumpfen,
wenn Kontostand und Zahnfleisch schrumpfen,
Porzellan und Gold im Mund
sorgen für reichlich Bargeldschwund.

Und statt dir Traumhäuser zu bauen,
hilft es jetzt, auf Gold zu kauen,
denn alles, was du noch besitzt,
dir gülden aus dem Kiefer blitzt.

Statt Häuser, Drogen, Luxusschlitten,
du investierst nur in die Dritten
und dein größtes Show-Event
ist abends, wenn in Kukident

im Glas die Zähne friedlich sprudeln
und gibt es dann noch Fleisch mit Nudeln,
dann sei zufrieden und gefasst,
wenn du einen Mixer hast.

Und die Moral von dem Gedicht:
Verliere deine Zähne nicht,
denn am Ende aller Reisen,
brauchst du sie, um ins Gras zu beißen.
Du darfst es schließlich nicht vergeigen,
willst du dem Tod die Zähne zeigen.

Cats

Dieses Musical hat mich total begeistert, auch wenn ich ansonsten Katzen etwas kritischer gegenüberstehe. Wahrscheinlich bin ich mehr der Hundetyp und habe auch früher zu oft ALF (vom Planeten Melmac) geschaut. Dieser war ein eindeutiger Verfechter des SLT (Schinken-Lucky-Toasts) und da ist etwas hängengeblieben. Das war nur für Insider und außerdem spaßhaft gemeint.

Allerdings war ich schon deutlich überrascht, als mir meine Lieblingstochter Nina erzählte, dass sie die Katzen einer Freundin ein paar Tage füttern sollte. Das war natürlich nicht das Überraschende, sondern die Tatsache, was es zu essen gab. Es handelte sich um Perserkatzen, die besonders beliebt und deshalb auch nicht gerade billig in der Anschaffung sind. Perser sind halt teuer, bei den Preisen fällt es trotzdem schwer, auf dem Teppich zu bleiben. 😉

Da ist es kein Wunder, wenn diese Schönheiten auch entsprechend versorgt werden möchten. Zum Abendessen wurde frisches Hühnchen mit Lachsöl und Parmesanpuder gereicht. Auf meine Frage „Warum denn in aller Welt so ein Luxusessen?“ kam die nüchterne Antwort: „Ja, das mögen sie halt am liebsten.“ Dabei dachte ich viele Jahre lang, „Katzen würden Whiskas kaufen“. Aber da habe ich mich wohl getäuscht. Wobei ich ehrlicherweise gestehen muss, dass ich selten Zeuge eines Katzeneinkaufs gewesen bin.

Vielleicht ist die Werbung auch einfach zu verwirrend für Menschen wie mich. Oftmals hinterfrage ich das Gehörte, dadurch wird man sich der Unsinnigkeit mancher Aussagen bewusst. So hieß es früher bei einem bekannten Schokoriegel: „Mars bringt verbrauchte Energie sofort zurück!“ Echt jetzt? Was soll ich mit verbrauchter Energie? Genauso wird man bei Nuss-Nougat-Cremes auf den Arm genommen. Haben Sie schon mal bei dem Versuch Erfolg gehabt, sich im Supermarkt die 100 Gramm gratis zu holen? Oder kennen Sie zufällig: „Snickers, wenn es mal wieder länger dauert“? Hat jemand von Ihnen schon mal in der Warteschlange vom Verkaufspersonal ein Snickers zugesteckt bekommen?

Auch mit den Verjüngungscremes habe ich keine gute Erfahrung gemacht. Sicher, wenn man sie in mehreren Schichten dick aufträgt und nicht verreibt, sind die Falten weg. Allerdings muss man dann auch bereit sein, deutliche Einschränkungen beim Wiedererkennungseffekt hinzunehmen. Es ist und bleibt eine wahre Scheinwelt: Nur wer den Schein hinblättert, dem gehört die Welt. Auch diese Schokoperlen mit der Werbung „Schmilzt im Mund und nicht in der Hand!". Keine Ahnung, ob das stimmt. Ich kaue diese Teile und bevor sie auch nur im Ansatz geschmolzen sind, habe ich sie schon runtergeschluckt.

Aber schweifen wir nicht vom Thema ab und kommen zurück zu unseren vierbeinigen Freunden. Jetzt zeigt sich nämlich auch der große Unterschied zwischen Katze und Teppich. Beim Anschaffungspreis liegen Perser und Perser nicht allzu weit auseinander, aber der Unterhalt liegt bei der Katze deutlich höher. Kompliziert wird es, wenn der Besitzer von Katze und Teppich ein Perser ist …

Luxus auf vier Pfoten

Ein Perser aus Obertshausen,
der wollte nicht mehr mausen,
wollt nicht mehr Thunfisch aus der Dose,
den Fisch, den mocht er frisch und lose.
Auch das Katzenklo kein Schund,
er liebte edlen Untergrund,
er war fast schon ein Perverser
und kackte nur noch auf den Perser.

Das war dem Frauchen dann zu bunt
so machte sie den Kater rund:
„Willst du den Teppich ruinieren
durch dauerhaftes Urinieren?“
Da schlich er weg auf allen Vieren
und schließlich war er am Sinnieren:
„Bald werde ich noch abgeschoben,
denn ich bin wohl zu abgehoben.
Fortan in den nächsten Tagen
sollte dem Luxus ich entsagen,

warum nur bleib ich Depp, ich,
nicht einfach mal nur auf dem Teppich!“
Das Frauchen nahm sich einen Hammer,
er saß zitternd in der Besenkammer,
was blieb, war nur der Katzenjammer!

Die spinnen, die Deutschen

Katzenjammer ist übrigens das richtige Stichwort. Ich bin ein großer Verfechter der richtigen Anwendung von Grammatik und Orthografie, auch wenn meine Lieblingslektorin bereit ist, zu jedem Zeitpunkt das Gegenteil zu beschwören.

Ich versuche es, Ihnen, liebe Leserinnen und liebe Leser, an einigen Beispielen zu erklären. Aus dem Komma zu erwachen, ergibt einfach keinen Sinn. Wenn du schon wieder aufwachen willst, dann aus dem Koma. Ähnlich verhält es sich mit dem Komma-Saufen. Wollen Sie wirklich etwas bewirken, dann ist an dieser Stelle das Koma-Saufen zu bevorzugen. Wenn Sie jetzt noch Probleme bei der Koma-Setzung haben, müssen Sie das Ganze endlich auf den Punkt bringen. Es gibt einfache und leicht merkbare Regeln für solche Dinge wie: „Punkt, Punkt, Koma, Linie, fertig ist das Mondgesicht“. Oder hieß es doch ganz anders? Auf jeden Fall merken wir Offenbacher uns das Wichtigste in einer Art

Reimform. „Das weiß doch jede Omma, nach nem Punkt kommt nie ein Komma!“ Oder: „Wer nämlich mit h schreibt, ist dämlich.“ Oder: „Klein am Anfang vom Satz schreibt man groß, mein Schatz!“

Allerdings muss man nicht alles verstehen, was die deutsche Sprache so hergibt. Im Deutschen werden drei Genera unterschieden: maskulines Genus (männliches Geschlecht), kurz: Maskulinum, Beispiel: (der) Löffel. Feminines Genus (weibliches Geschlecht), kurz: Femininum, Beispiel: (die) Gabel. Neutrales Genus (sächliches Geschlecht), kurz: **Neutrum**, Beispiel: (das) Messer. Also entscheidet „der“, „die“ und „das“ über das jeweilige Geschlecht. Die Sau: weiblich, das Schwein: sächlich. Und das soll noch einer verstehen. Bedeutet dies, zwischen sächlich und weiblich gibt es so gut wie keine Unterschiede? Oder habe ich es vielleicht einfach nicht verstanden? Im Grunde genommen bin ich sehr froh, die deutsche Sprache, zumindest in Ansätzen, zu beherrschen. Ich möchte nicht in der Haut eines Menschen stecken, der Deutsch als Fremdsprache lernen muss.

Arbeitet ein Montage-Arbeiter auch am Dienstag? Liegt es an unserem Urinstinkt, dass wir sicher sind, dass Urin stinkt? Warum befindet sich der Po-lyp in der Nase? Ich fühle mich voll leer. Ich muss mich langsam mal beeilen. Das finde ich echt falsch von dir. Im Prinzip ist Deutsch so schräg, dass es fast schon wieder witzig ist. Und manchmal gibt es auch großartige Lernergebnisse.

Wir hatten einen neuen Mitarbeiter mit kleineren sprachlichen Anlaufschwierigkeiten eingestellt. Unsere Damen am Empfang haben ihn mit allen denkbaren Fragen konfrontiert und so geschah es, dass er freudestrahlend auf mich zukam.

„Herr Fiedler, ich habe etwas Neues gelernt."

„Da bin ich aber mal gespannt."

„Die Mädels haben gesagt: ‚Mirweis, du passt wie Arsch auf Eimer zu uns.'" Den strahlenden Blick unseres syrischen Azubis werde ich nie mehr vergessen.

Perfekte Welle

Heute scheint nicht nur die Sonne, sondern auch noch ein Glückstag zu sein. So schnell habe ich es lange nicht mehr geschafft, die Strecke von der Rhönstraße bis zum Taunusring zu bewältigen. Das lag vor allem daran, dass alle Ampeln grün leuchteten. Na ja, fast alle …

Es ist wahrlich ein erhebendes Gefühl, diese grüne Welle oder besser gesagt gelb-grüne … eigentlich gelb-grün-rote Welle zu genießen. Manchmal war es tatsächlich knapp, sehr knapp, doch für das menschliche Auge ist der Umschaltvorgang von Gelb auf Rot kaum wahrnehmbar. Ein wunderbares Gefühl ist das kurzfristige Schließen der Augen, das nimmt dem Rot ein wenig das Grauen und man kann die Weiterfahrt mehr genießen. Schließlich habe ich als täglicher Pendler meine Zeit auch nicht im Lotto gewonnen. Da möchte man wenigstens an einem Brückentag zügig ins Büro kommen. Also habe ich mich entschieden, an diesem Tag die für mich perfekte Welle zu nutzen. Es mag auch meiner künstlerischen Ader geschuldet sein, dass ich während der Fahrt geistig die Farben mische und so erhalte ich aus Gelb und Rot die Farbe Orange. Und es kann doch nicht verwerflich sein, bei den letzten Orangetönen den zwingenden Wunsch zu verspüren, eine Kreuzung zu überqueren und in den Sonnenuntergang zu fahren – oder was meinen Sie? Übrigens sollen die meisten Verkehrstoten durch Langeweile im Stau dahinscheiden.

In Offenbach sterben statistisch gesehen nur wenige Menschen an Altersschwäche, stattdessen viele an Entscheidungsschwäche, Alter. Das mag an vielen kulturellen Gruppierungen liegen, die das Eigentumsspiel par exellence beherrschen. Eben noch dein Eigentum, jetzt mein Eigentum. So kann es geschehen, dass am Main mein und dein verwechselt wird.

Die Unterscheidungsschwäche zwischen dein und mein führt dann manchmal zu einer nicht unerheblichen Konsequenz. Wenn der Unwissende mangels der genauen Kenntnis der Sachlage ins Gefängnis muss. Für ihn natürlich eine himmelschreiende Ungerechtigkeit.

Doch leider schützt Nichtwissen keinesfalls vor der Strafe. Deshalb muss der Missetäter für seine Taten haften. Ob es sich bei dem Toilettengang eines Inhaftierten allerdings um Hafterleichterung handelt, klären wir dann ein anderes Mal.

Hier noch die Antwort auf die meistgestellte Leserfrage:

Warum sind so viele Offenbacher Einwohner inhaftiert?

Weil sie eine Haftpflichtversicherung abgeschlossen haben. 😉

Alter Sack, was nun?

Als Rentner in spe denkst du schon mal darüber nach, wie es sein wird, wenn du dich nicht mehr um fünf Uhr aus dem Bett quälen und nicht mehr jeden Tag ein bis zwei Stunden im Stau verbringen musst. Stattdessen genießt du das Leben in vollen Zügen, dafür wird die Deutsche Bahn schon sorgen. Der Gedanke, meine zukünftigen Mittagspausen im Supermarkt zu verbringen und dort meine Wocheneinkäufe auf dem Band zu stapeln und in einer Kolonne von vier Einkaufswagen nach Hause zu fahren, bewegt mich schon länger. Eine Art Rachegedanke für viele Jahre, in denen ich meine komplette Mittagspause in der Warteschlange beim Discounter verbracht habe. Immer und immer wieder fragte ich mich, warum ein Rentner pünktlich um 12.00 Uhr dort auftaucht und seine Jahreseinkäufe erledigt. Das Szenario scheint immer das Gleiche zu sein. Nachdem der Rentner alle gekauften Waren in seinen unzähligen Körben und Taschen mit großer Seelenruhe verstaut hat, fängt er an, sein Portemonnaie zu suchen. Nach und nach räumt er alle

Taschen wieder aus, um nach dem Wiederauffinden alles bis auf den Geldbeutel zu verstauen. Dann kommt der Klassiker: „Warten Sie, ich habe es passend." Mit dem Langmut eines 10.000-Teile-Puzzle-Spielers sucht er jetzt in den unendlichen Tiefen seines Kleingeldfachs, ob er die fehlenden 89 Cent in kleinen Münzen zusammenbringt. In 99 Prozent aller Fälle funktioniert es nicht. Die inzwischen deutlich angewachsene Warteschlange hinter ihm fiebert jetzt mit. Die ersten beginnen nach Cent-Münzen zu suchen, um dem Rentner im Notfall mit eigenem Geld auszuhelfen. „Jetzt habe ich es", hört man ihn plötzlich rufen, triumphierend hält er das noch benötigte 2-Cent-Stück hoch, als dieses ihm unvermittelt aus den Händen gleitet und zu Boden fällt. Eine Menschenansammlung kriecht auf allen Vieren durch den Supermarkt, auf der Suche nach der verlorenen Münze. Das entstandene Durcheinander nutzen verschiedene Einkäufer, um ohne zu bezahlen den Markt zu verlassen. Und genau für das Erleben dieses Gesamtkunstwerks möchte ich mich erkenntlich zeigen und diese unvergesslichen Momente zukünftig mit der Gemeinschaft teilen.

Eigentlich spiele ich unabhängig von diesen Gedanken schon länger mit der Idee, etwas früher in Rente zu gehen als vorgesehen. Meine Frau war davon so sehr angetan, dass ich ein wenig skeptisch wurde. Warum strahlte sie bei diesem Gedanken über das ganze Gesicht? Vorsichtig habe ich das Thema mit einem beiläufigen Satz angesprochen. „Was würden wir denn eigentlich unternehmen, wenn ich den ganzen Tag zu Hause wäre?"

Daraufhin hat meine Frau mehrere Dinge aufgezählt, bei denen ich gar nicht vorkam. Sie meinte, wenn ich Rentner wäre, hätte sie viel mehr Zeit für Dinge, die ihr Spaß machten.

„Warum machst du sie nicht jetzt schon?", lautete meine Zwischenfrage.

„Ich habe einfach zu wenig Zeit!"

„Wieso hast du denn mehr Zeit, wenn ich im Ruhestand bin?" Irgendwie wollte mir das nicht einleuchten.

Und dann klärte mich meine beste Ehefrau von allen darüber auf, was alles in meinen Aufgabenbereich fallen würde, wäre ich ganztägig verfügbar. Die Liste las sich wie ein Horrorszenario: Einkaufen gehen, Müll runterbringen, Staubsaugen, Toiletten putzen, Gartenarbeit, Buchhaltung und so weiter. Da ich einen aus meiner Sicht sehr umfangreichen Anteil übernehmen sollte, fiel dieser natürlich bei ihr weg.

Selbstverständlich ist es nur recht und billig, wenn ich auch meinen Beitrag zu den täglichen Haushaltspflichten leiste. Allerdings kam mir dann in den Sinn, wie unfair es gegenüber meinen Kollegen wäre, wenn ich sie schon vor dem regulären Rentenalter quasi im Stich ließe. Wahrscheinlich würde ich mir das nie verzeihen und deshalb schon mit depressiven Gedanken in den neuen Lebensabschnitt starten. Nein, es hat wirklich nichts mit den von meiner Frau angedrohten Arbeiten zu tun, diese Überlegungen spielten so gut wie keine Rolle. Ich spiele eben noch nicht in der Greisliga, werde weiterhin mit Genuss früh aufstehen und supergern den Stau statistisch erweitern, solange es geht. Und vielleicht leisten wir uns ja irgendwann mal eine Putzfrau, und in Rente gehen kann ich dann immer noch …

Nur der Wunsch ist hier Vaters Gedanke

Viele Eltern machen nach außen hin einen glücklichen Eindruck, wenn man aber etwas tiefer bohrt, wird das Eis ganz dünn. Wie sagte einst Amelie Fried in ihrem Buch „Die Störenfrieds“: „Es ist normal, wenn man seine Kinder ab und zu aus dem Fenster werfen möchte, unnormal ist es, wenn man es tut.“ Besser kann man es nicht formulieren, denn Eltern zu sein, ist nichts für Weicheier.

Zuerst ist da ein Wunsch, Nachkommen für die Weltbevölkerung zu produzieren. Bei Frauen tritt dieser Wunsch verstärkt auf, und oftmals scheitert die Beziehung, wenn der männliche Teil uninteressiert an eigenem Nachwuchs ist. Männer gehen pragmatischer an die Sache heran. Da sich die Partnerin zum Ziel gesetzt hat, schnellstmöglich Mutter zu werden, versucht sie natürlich, alles zu tun, was das Projekt beschleunigt. Dazu gehört selbstverständlich auch die körperliche Zusammenkunft außerhalb der normalen, für Frauen ausreichenden, für Männer eher unzureichenden, Schlagzahl. Die Männer leben jetzt in einer Art Vor-Schwangerschafts-Hoch, dem mit Sicherheit auch das Nach-Schwangerschafts-Tief folgt, doch das ahnen die Herren der Schöpfung noch nicht. Jetzt sind sie erst einmal in ihrem Element und genießen die Gunst des Augenblicks. Wochenlang wähnen sie sich im Paradies, bis sie von der Tristesse des Alltags unvermittelt wieder eingeholt werden.

Eines Tages kommt sie mit einem Test in der Hand auf ihn zu gerannt und ruft: „Wir sind schwanger." Das wird im Nachgang deutlich erkennbar, wenn die vermeintlichen Erzeuger während der Schwangerschaft mehr zunehmen als die werdende Mutter. Der B-Bauch ist bei den Protagonisten jeweils deutlich angeschwollen, auch wenn die Unterscheidung Baby- und Bierbauch ein paar Monate nach der Geburt noch deutlicher hervortritt. Der Bierbauch bleibt für immer, der Babybauch ist ruckzuck wieder weg.

Doch gehen wir nochmals einen Schritt zurück zu dem Moment, in dem beide Elternteile gerührt den positiven Test bestaunen. Irgendwie krass … Es gibt tatsächlich noch Momente, in denen man sich über einen positiven Test freut. Daran merkt man, dass Corona immer weiter in den Hintergrund abgleitet. Also, wir waren bei zwei Menschen mit vor Rührung tränennassen Gesichtern. Und das bleibt auch bei einem Partner so, wenn sich am selben Abend nichts mehr rührt.

„Liebling, wollen wir nicht …?“

„Nein!“

„Aber warum denn nicht, wir haben doch in den letzten Monaten jeden Tag rumgemacht.“

„Stimmt, aber jetzt bin ich schwanger!“

In diesem Moment erkennen viele Männer, dass sie nicht mehr gebraucht werden. Vaterfreuden funktionieren scheinbar erheblich besser in der Produktionsphase als im Nachgang.

Der Mann hat seine Schuldigkeit getan. Der Mann kann die Garage aufräumen.

Ruckzuck ist der Absturz auf Platz drei in der Familienhierarchie vorprogrammiert, vorausgesetzt, es kommen keine Zwillinge, dann wird es bitter. Noch krasser wird die Situation durch die Anschaffung eines Hundes. Dann liegt man in der Wertung gleichauf mit dem Paketboten, außer dieser hatte bei der Schwangerschaft auf irgendeine Weise seine Finger im Spiel, dann wird es kompliziert. Wenn dann die kleinen Würmer erst mal das Licht der Welt erblicken, strahlen die Elternaugen vor Glück, doch aufgrund akuten Schlafmangels nimmt das Strahlen im Laufe der Zeit etwas ab. Jetzt merkt man als bisher Außenstehender im Bereich „Elternsein“, wie stark sich mangelnder Schlaf auf die Psyche auswirkt. Alte Fußballerweisheiten gewinnen an Bedeutung, wie zum Beispiel: „Nach dem Wickeln ist vor dem Wickeln!“ Es entwickelt sich eine Art „Stillleben“, was gleichzeitig für die Versorgung des Nachwuchses wie auch das tägliche Leben der Eltern gilt. Jede Ruhe-Minute wird von beiden für einen kurzfristigen Tiefschlaf genutzt, bis ein Schreien jäh die friedliche Stille durchbricht. Übrigens gibt es auf dem Computer diesen nach links gebogenen Pfeil, den fachkundige Menschen mit viel Lebenserfahrung erfunden haben: „Rückgängig" …

Der Volksmund sagt: „Kleine Kinder, kleine Sorgen, und große Kinder …" Na ja, Sie wissen schon.

Falls es wirklich außergewöhnlich schlecht läuft, bleibt ja immer noch die Babyklappe. Allerdings sind die Schwierigkeiten vorprogrammiert, wenn man versucht, in der Pubertät befindliche 13- bis 16-jährige Teenager in diese Klappe hineinzustopfen. Falls sie sich nicht freiwillig hineinlegen, empfiehlt sich als Lockmittel freies WLAN oder ein wenig Cannabis. Und ganz, ganz wichtig: Verbieten Sie Ihren Kindern bei der Androhung von Hausarrest, sich in diese Babyklappe zu legen, nur dann wird es funktionieren. Eines kann ich Ihnen jetzt schon garantieren: Die Gesichtsausdrücke des Klinikpersonals beim Anblick der kiffenden Riesenbabys sind wahrscheinlich unbezahlbar.

Wenn gar nichts hilft, bleibt als letztes legales Mittel immer noch die Adoptionsfreigabe. Schwierig wird es nur bei männlichen Teenagern in der Wachstumsphase, die fünfmal am Tag nach warmem Essen verlangen. Da kann es durchaus passieren, dass Sie auf dem Nachwuchs langfristig sitzen bleiben.

Aber keine Angst, spätestens wenn Sie einmal alt sind und jetzt endlich die Kinder brauchen könnten, sind sie schneller weg, als Sie gucken können. ☺

Teenie in the box

Menschen, die sind meist geerdet,
nur eine Spezies ist gefährdet,
Wahnsinn gibt's nicht nur bei Rindern,
er trifft auch Eltern, die mit Kindern.

Vor allem in der Pubertät
ist der Verstand wie weggeweht,
die Teenies lieben Rebellion,
und sagst du einen falschen Ton,
wird das Ganze noch viel schlimmer
und sie verschwinden schnell ins Zimmer.

Junge Menschen, ja, sie gieren,
stets danach zu protestieren,
da hängen sie sich richtig rein
und das Lieblingswort heißt „Nein".

Mancher Eltern einzig Streben,
lautet, sie zurückzugeben,

doch diese Mädchen oder Knaben,
keiner will sie wirklich haben.

Sie sind keine Luxus-Güter,
schon viel eher Ladenhüter.
Für zu Hause 'ne Attrappe,
Originale in die Babyklappe.

Du drückst den Deckel ganz fest zu,
dann hat die Elternseele Ruh.
Wenn es dann zu Ende geht,
mit der fatalen Pubertät,
dann kannst du es vielleicht riskieren
und sie wieder adoptieren
oder du denkst einfach: „Nein,
ich mach es nicht, ich lass es sein."

Doch das sind alles nur Ideen,
denn niemals wird es so geschehen,
lieber wird sich aufgerieben,
sie bleiben da, weil wir sie lieben!

Wahr oder nicht wahr?

Stimmt es,

… dass Nichtliierte bei den Mails immer den Anhang vergessen?

… dass Veganer bei einer Algenplage in deutschen Seen nur noch mit offenem Mund schwimmen?

… dass die Bundesregierung sich dafür entschieden hat, ab Herbst 2024 auch ein Wut-Bürger/innen-Geld auszuzahlen?

… dass in deutschen Supermärkten zukünftig Einkaufswagen mit Handtüchern zwingend vorreserviert werden müssen?

Manchmal ist es tatsächlich von Vorteil, wenn das, was wir wollen, sich mit dem deckt, was sich die Frauen von uns wünschen. Sollte dies nicht der Fall sein, wäre es durchaus hilfreich, die eigenen Vorstellungen noch einmal gründlich zu überdenken.

Nicht umsonst sagte schon der amerikanische Psychologe und Frauenrechtler Al Bundy, dass elf von zehn Frauen immer recht haben. Wenn wir schon nicht ganz genau wissen, was wir wollen, dann ist es doch vollkommen ausreichend, wenn unsere besseren Hälften dies wissen. Und möglicherweise ergibt sich daraus eine Win-win-Situation. Nie sollte man den Überlebensspruch von Millionen Ehemännern außer Acht lassen: „Happy wife, happy life!" Und fast alle verheirateten Frauen sind sich sicher, dass niemand so glücklich zu sein hat wie ein Ehemann. Und sind wir einmal ehrlich, liebe Männer, die Frauen können auch nur mit dem vorhandenen Rohmaterial arbeiten. Frei nach dem Motto unseres ehemaligen Platzwarts Günter Horster („Rasen-Gott"):

„Mer kann aus einem Handkäs keinen Schokokuche mache!"

Heavy Metal

Eigentlich dürfte ich gar nicht darüber berichten, aber meinen Lieblingssohn hat es böse erwischt. Aufgrund eines Unfalls im Entertainmentbereich mit Blick aufs Meer ist er aus zwei Metern Höhe abgestürzt und hat sich das Bein mehrfach gebrochen. Das Missgeschick ereignete sich während eines Mallorca-Urlaubs und alles, was ihm die Ärzte vor Ort mitteilten, kam ihm irgendwie spanisch vor.

Zum Glück hatte das Krankenhaus noch einen kompletten Schien- und Wadenbein-Metallbausatz vor Ort, sodass mittels Schrauben, Nägeln und Platten das Bein wieder stabilisiert wurde. Jetzt galt es nur noch, mithilfe der abgeschlossenen Reiseversicherung bei der – nennen wir sie einfach – ANZ-Versicherung den Rücktransport zu organisieren. „Auf uns können Sie sich verlassen", diese Worte waren wie Balsam auf der besorgten Vaterseele. Und tatsächlich hat die Aussage teilweise gestimmt, genauer gesagt nur der Teil mit „verlassen". Eine kleingedruckte Vertragsklausel, die mit dem bloßen Auge nicht sichtbar war, sorgte dafür, dass mein Sohn von der Reiserücktransport-Versicherung verlassen wurde. Selbst unter dem Elektronen-Mikroskop mit höchster Auflösung war der Passus leicht zu übersehen und selbst bei genauestem Lesen noch vielfältig interpretierbar.

Statt den Ärzten vor Ort zu glauben, die auch die Operation durchgeführt hatten (über fünf Stunden), zweifelten die von ihrem Arbeitgeber, der ANZ, beauftragten Ärzte diese Aussagen an. Sie kamen ohne Ansicht des Patienten zu der Auffassung, dass man stattdessen den kostengünstigeren Weg der Ablehnung gehen sollte. Dies natürlich mit dem höchsten Bedauern der Gesellschaft.

Die ANZ hat uns also vieles versichert, aber nicht viel war versichert. So musste der Rücktransport in Eigenregie geplant werden, was gar nicht so einfach war, wenn du ein komplettes Bein nicht belasten darfst, mit Thrombosegefahr, und das Ganze unter dem Einfluss starker Schmerzmittel.

Hinzu kam noch die Angst, dass mein Sohn die Hürde des Flughafen-Sicherheitssystems nicht überwinden würde oder Alteisenhändler ihn aufgrund seines exorbitant hohen Metallgehalts entführen könnten. Doch alles Jammern half nichts, denn wir mussten den Fakten ins Auge sehen.

Vom Krankenhaus ging es per Rollstuhl zum Taxi, dort wartete der nächste Rollstuhl, geschoben von einem Mitarbeiter der Fluggesellschaft, hier erfolgte der Transport mit einer Sichtprüfung im Sicherheitsbereich, da der Scanner aufgrund der neuen Beinausstattung keine Option war.

Mit dem Hubwagen ging es weiter ins Flugzeuginnere. Dort war dann endlich Verschnaufen angesagt, und dies auf drei regulären Sitzen. Versorgt mit ausreichend Thrombosespritzen und Schmerzmitteln ging es Richtung Frankfurt. Nach der Landung waren zum Glück noch alle Schrauben und Nägel an Ort und Stelle, und es gab noch nicht einmal Ansätze von Flugrost.

Jetzt ging es wieder mit dem fahrbaren Untersatz Richtung Ausgang. Wir warteten dort mit dem Rollstuhl meiner Schwiegermutter. Nachdem die erste Wiedersehensfreude verklungen war, stellten wir fest, dass es auch bei Rollstühlen verschiedene Größen gab. Das mitgebrachte Teil war offensichtlich für Menschen unter 90 Kilogramm geeignet, während Sohnemann knapp darüber lag, also über der Hundertergrenze. Ehrlich gesagt, er lag deutlich darüber. Viele Menschen, die an uns vorübergingen, waren begeistert, dass es auch sportliche Ausführungen für behinderte Menschen gab. Allerdings war die Tieferlegung dieses Modells nicht technisch, sondern eher gewichtsbedingt.

Wir mussten jetzt nur noch mit dem Aufzug in den 14. Stock der Tiefgarage. Wenn jemand im Rolli sitzt mit gerade ausgestrecktem Bein, dann merkt man erst einmal, wie klein der Innenraum solch eines Fahrstuhls ist. Außerdem gestaltet es sich schwierig, so zu rangieren, dass keine Gefahr besteht, mit dem verletzten Bein irgendwo anzustoßen.

Als wir unsere kostbare Fracht endlich unversehrt ins Fahrzeug gewuchtet hatten, begann meine Frau den Parkschein zu suchen. Leider erfolglos. Ihre beruhigenden Worte „Eben war er doch noch da" verschafften mir eine Art Sicherheit, und zwar die Sicherheit, dass wir keinesfalls kostengünstig aus der Nummer und dem Parkhaus rauskommen würden.

In dem Parkwächterhäuschen trafen wir niemanden mehr an, denn es war schon 16.45 Uhr, beste Heimgehzeit. Also habe ich es über das Nottelefon versucht. In kurzen Worten schilderte ich der etwas blechern wirkenden Telefonstimme, welches Missgeschick uns, eigentlich meiner Frau, passiert war. Sehr verständnisvoll und mit einem Hauch von Bedauern in der Stimme teilte mir der Blechredner mit, dass er glaube, dass wir uns nur eine Stunde in dem Parkhaus aufgehalten hatten, aber die Maschine sei nicht ganz so gutgläubig und würde dennoch den Tagessatz verlangen. Mit dem Einwurf von 39 € würde sich unser Problem, genau wie unsere Barschaft, in Luft auflösen. Ich appellierte an ihn, ein wenig Verständnis für einen Krankentransport aufzubringen. Der Herr war leider nur mit einer sehr niedrigen Frustrationstoleranz-Grenzschwelle ausgestattet. Sofort schrie er los, ich solle ihm nicht unterstellen, dass er etwas gegen Behinderte habe. Er würde jetzt seinen Kollegen vorbeischicken und dann würde ich schon sehen, was passiere.

Voller Ungeduld und Vorfreude wartete ich auf diesen Herren, während mein Sohn und die Verursacherin allen Ungemachs im Auto saßen. Ein großer, sehr breitschultriger Mann vom Typ Einzelkämpfer kam mit schnellen Schritten direkt auf mich zu. Ob ich der Kunde sei, der eben telefoniert habe. Kurzfristig wollte ich auf einen Mann zeigen, der in unmittelbarer Nähe stand und zu uns herübersah, aber dann nickte ich mutig. „Ja, mein Kollege ist ab und zu etwas impulsiv, ich habe das Telefonat mitgehört. Ich stelle Ihnen jetzt ein Ticket für eine Stunde aus, und dann können Sie am Automaten bezahlen. Ich wünsche Ihnen noch eine gute Fahrt!"

Geht doch, dachte ich, und dann fuhren wir beschwingt direkt in den täglichen Feierabendverkehr. Und wenn Sie gerne erfahren möchten, wie es weiterging mit unserer neu eingerichteten Krankenstation, dann legen Sie das Buch bitte nicht aus der Hand.

Für eine Person hat das Leben einen ganz neuen Verlauf genommen, und zwar für meine Schwiegermutter. Zuerst wurde sie aus ihrem nagelneuen elektrischen Krankenbett ausquartiert. Zudem musste sie auch noch Wartemarken für die Fahrt mit dem von ihr bisher allein genutzten Treppenlift ziehen.

Doch auch für mich hat sich einiges geändert. Statt mit meinem geliebten Firmenwagen fahre ich nun mit dem Elektro-Kleinwagen meiner Frau in die Firma. Das große Auto wird für die Transporte zum Arzt oder Physiotherapeuten benötigt.

Manchmal, in einem nostalgischen Moment, wenn ich mich in der Innenstadt befinde und im örtlichen Krankenhaus an einer Babyklappe vorbeifahre, denke ich darüber nach, dass sie so verdammt klein sind, diese Klappen. Dann halte ich kurz inne und spüre, wie meine Augen plötzlich feucht werden …

Aufgepimpter Netzfund 4.0

Heutzutage kann man es niemandem recht machen…

07.15 Uhr: Meine Frau hat mich auf die Straße geschickt, um den Neuschnee auf unserem Bürgersteig zu beseitigen. Das Ganze hat eine Eigendynamik entwickelt und plötzlich steht er da, der Schneemann.

07.30 Uhr: Eine Sympathisantin von Alice Schwarzer bemängelt, dass er weder Schneefrau noch divers sei.

07.45 Uhr: Das kann ich nicht auf mir sitzen lassen und baue deshalb eine „Schneemännin".

8.00 Uhr: Aufgrund der zart angedeuteten „Schneebrüste" ziehe ich mir den Zorn einer zeternden Passantin zu.

08.15 Uhr: Die Schwulengruppe Süd beschwert sich, dass es keine zwei Schneemänner gibt, die Händchen halten.

08.30 Uhr: Aktivisten der MVO – Militante Veganer Offenbach – beziehen eine Tracht Prügel beim Versuch, die Mohrrübe zu stehlen.

08.45 Uhr: Radikale Sprachwissenschaftler echauffieren sich über den Begriff Mohrrübe. Um des lieben Friedens willen benenne ich das Teil in Orange Rübe um.

09.00 Uhr: Man unterstellt mir, ein Rassist zu sein, weil ich weißen Schnee verwende.

09.10 Uhr: Eine fremdländisch wirkende Frauengruppe will den Schneemann mit einem Tuch verhüllen.

09.20 Uhr: Einsatzkräfte befinden sich vor Ort und checken die Lage.

09.40 Uhr: Mehrere Polizisten nähern sich dem Schneemann mit gezückter Pistole und nehmen ihm den vermeintlichen Schlagstock weg. Auf meinen Einwand hin, dass es doch nur ein Besenstiel sei, werde ich zu Boden geworfen.

09.55 Uhr: Die Metzgervertretung „Fleisch für Deutschland" demonstriert dafür, dass statt der Orangen Rübe zukünftig Wiener Würstchen verwendet werden.

10.07 Uhr: Die Drogenbeauftragte des Landes Hessen meldet sich zu Wort und moniert, dass es kein gutes Vorbild sei, öffentlich mit „Schnee" zu arbeiten.

10.30 Uhr: Der BDBN – Bund Deutscher Bembel Nutzer – interveniert, dass man statt eines Schneemanns auch einen Bembel hätte bauen können, der immerhin ein Kulturgut sei. Mein Argument, dass die gelben Sprenkel an der Seite des Schneemanns auf einen Äppelwoi-Bezug hindeuten würden, ging komplett den Bach runter, als ein weiterer vorbeilaufender Rüde das Beinchen hob.

10.40 Uhr: Inzwischen wurden per Fahndungscomputer meine Personalien abgefragt und dabei stellt man fest, dass ich früher Mitglied in einem reinen Männer-Fußballklub war. Weiterhin lautete mein Status bei der Geburt „männlich" und blieb seither unverändert. Diese geheimen Informationen machen mich in den Augen der Behörden noch verdächtiger.

10.55 Uhr: Mehrere Bekennerschreiben sind bei der Polizei eingetrudelt. Die Vereinigung geschlechtsneutraler Wallachzüchter hat schon immer vor Offenbacher Nachwuchsautoren gewarnt. Originalzitat: „Irgendwann musste es ja so kommen!"

11.15 Uhr: Mein gesamter Bekanntenkreis, die Facebook-Community und alle OFC-Fans werden wegen möglicher Mittäterschaft vom Verfassungsschutz durchleuchtet.

11.30 Uhr: Mein Verleger ist hochgradig erzürnt, dass ich diese explosive Story nicht im Vorfeld mit ihm abgesprochen habe.

12.00 Uhr: Jetzt wird es kritisch. Meine beste Ehefrau von allen ruft mit leicht angesäuerter Stimme: „Das Essen ist fertig. Da schickt man dich, um kurz den Gehweg vom Schnee zu befreien, und du bist stundenlang weg."

12.15 Uhr: Der Schneemann ist komplett geschmolzen. Jetzt liegen noch die Kohlen, die Orange Rübe und das Tuch am Boden. Der vom Nachbarn gerufene Herr vom Ordnungsamt nimmt diesen eklatanten Umweltverstoß in Form einer Strafanzeige auf.

Ich zahle die 150 € in bar und gehe Essen. Mahlzeit!

Es ist noch kein Meister pünktlich vom Himmel gefallen

Liebe Leserin, lieber Leser, wahrscheinlich haben Sie auch schon Erfahrungen mit einer besonderen Spezies gemacht, den Handwerkern. In der Regel kommen sie zwischen 06.30 und 21.50 Uhr, denn genauer lässt es sich leider nicht vorhersagen. Vorausgesetzt, sie kommen überhaupt. Doch Otto-Normal-Verbraucher wartet möglicherweise länger auf eine Terminzusage des Elektrikers als auf einen Operationstermin für eine neue Hüfte. Mittlerweile sind findige Geschäftsleute dazu übergegangen, Termine längst Verstorbener aufzukaufen, um diese gewinnbringend weiterzuvermarkten. Manchmal muss man auch einfach umdisponieren, und dann kann es geschehen, dass aus dem vor zwei Jahren gemeldeten Wasserschaden ein luxuriöses Schwimmbadprojekt wird.

Doch zurück zu unserem Termin zwischen 06.30 und 21.50 Uhr. Ab 06.00 Uhr morgens wartet meine beste

Ehefrau von allen auf den Elektriker, da leider Qualm aus einer Steckdose entwich und im Anschluss mehrere Lichter ihren Geist aufgaben. Der morgendliche Spaziergang mit dem Hund wird von der Angst begleitet, dass ausgerechnet in diesem Moment der langersehnte Fachmann für Elektrotechnik auftaucht. Für den Fall hat sie vorgesorgt und ihre Mutter steht gestützt auf den Rollator am Erdgeschossfenster und beobachtet den Zugang zu unserem Haus. Wir haben für sie Lebensmittel auf der Fensterbank deponiert, damit sie nicht auf dem Beobachtungsposten Hunger leidet. Total erschöpft wird sie von meiner Frau abgelöst, die ihrerseits die Warteposition übernimmt. Um 13.00 Uhr ruft sie, um sicherzugehen, nochmals bei dem Unternehmen an und erfährt, dass der Ersehnte jeden Moment eintreffen müsse. Etwa drei Stunden später ist es endlich so weit, es klingelt an der Haustür. Freudestrahlend umarmt meine Frau den an der Tür stehenden Mann, bis sich kurze Zeit später herausstellt, dass es sich nur um den Paketboten von DHL handelt. Es vergehen weitere 90

Minuten, bis es erneut klingelt. Diesmal geht meine Frau etwas skeptischer zu Werke, doch ihre Bedenken sind komplett unbegründet, denn diesmal ist er es wirklich. Fachmännisch begutachtet er die nicht funktionierenden Lampen und resümiert kurz und knapp: „Kaputt! Ich muss die Leitung zum Sicherungskasten erneuern."

Das hört sich erst einmal nicht allzu schlimm an, bis klar wird, dass die Leitung unter Putz liegt und sich durchs komplette Wohnzimmer zieht. Da unsere letzte Renovierung immerhin schon wieder fünf Monate zurückliegt, ist meine Frau einverstanden, dass die ausgewiesene Fachkraft der Elektrotechnik den Putz an ein paar Stellen leicht abtragen will. Innerhalb kurzer Zeit hat der Mann unserem Wohnzimmer einen steinbruchähnlichen Touch verschafft. Mit einem zweifelnden Blick auf seine Uhr weist er darauf hin, dass der Feierabend nahe und der komplette Vorgang im Grunde genommen nicht kurzfristig zu erledigen sei, weil er das Material bestellen müsse. Aktuell gebe es Lieferschwierigkeiten. Somit schlägt er einen Termin in sechs bis acht Wochen vor. „Wenn Sie möchten, können wir es wieder im gleichen Zeitfenster erledigen, so zwischen 06.30 und 21.00 Uhr.“

Als ich gegen 20.00 Uhr nach Hause komme, sitzt meine Frau apathisch bei Kerzenlicht auf der verstaubten Couch, umgeben von ehemaligem Wandputz, der nun unseren Boden schmückt. Mit einem kleinen Lächeln schaut sie mich an. „Übrigens war der Handwerker hier. Er muss nur noch das Material bestellen, dann repariert er die Leitungen.“

Jetzt will natürlich gut überlegt sein, wann wir den Verputzer bestellen. Ich versuche sofort, ihn zu erreichen. Überraschenderweise geht er direkt ans Telefon. „Kein Problem“, meint er, „ich kann gleich morgen vorbeikommen. Diese und nächste Woche passt ausgezeichnet. Danach habe ich allerdings wegen einer Großbaustelle bis Ende des Jahres keine Termine mehr frei.“ Im Grunde genommen haben wir so kurzfristig gar keine Verwendung für ihn, aber würden wir absagen, könnte es Monate dauern, bis wir einen Termin bekämen. Aus diesem Grund schlägt meine Frau vor, die erst vor einem Jahr neu gemachte Küche verputzen zu lassen. Mein Einwand, dass alles noch ganz in Ordnung sei, wischt sie mit folgendem Argument vom Tisch: „Wenn er erst einmal weg ist, kommt er wahrscheinlich nicht wieder!“ Damit kann sie tatsächlich recht haben, auch wenn ich das ungern zugebe.

Acht Wochen später versucht meine Frau, den Elektriker anzurufen, allerdings läuft nur das Band. Nachdem wir die deftige Rechnung für seinen „Not-Einsatz“ sofort gezahlt hatten, haben wir nichts mehr von ihm gehört. Dafür hat der Verputzer inzwischen unser komplettes Haus verputzt. Dem Nachbarn habe ich einen erheblichen Zuschuss versprochen, wenn er bereit ist, unseren Handwerker noch eine Weile zu beschäftigen.

Der Elektriker taucht eines Tages doch wieder auf. Innerhalb von drei Stunden ist die neue Leitung verlegt und angeschlossen. Jetzt kann endlich unser Verputzer alles wieder ordentlich anlegen. Das heißt, er könnte es tun, wenn er nicht diesen Großauftrag angenommen hätte. „Spätestens in drei bis vier Monaten", sagt er mit aufmunternden Worten zum Abschied. Dafür hat der Elektriker aktuell freie Kapazitäten. Jetzt gehört uns eines der modernsten Häuser im gesamten Stadtgebiet. Glasfaserkabel ziehen sich durch jedes Zimmer bis in den entferntesten Winkel unseres Gartens. In einem Umkreis von 12 Quadratkilometern können die Nachbarn gratis unser WLAN-Netz nutzen. Unsere Kameras vor dem Haus werden aufgrund der brillanten Auflösung jetzt auch vom Polizeipräsidium Südosthessen zur Observierung von verdächtigen Personen eingesetzt und sobald unser Kühlschrankinhalt unter die dramatische Grenze von 450.000 Kalorien fällt, wird der örtliche Feinkosthändler per GPS-Signal ausfindig gemacht. Nur eines blieb unverändert: Noch immer verfügen wir über ein Wohnzimmer mit Steinbruch-Look. Die gute Nachricht ist: Wir haben uns längst daran gewöhnt und so ein außergewöhnliches Wohnumfeld hat auch nicht jeder.

Neulich im Getränkemarkt

Im Normalfall habe ich so viele Euro-Münzen in der Hosentasche, dass mir der Tod durch Ertrinken drohen würde, fiele ich aus irgendeinem unerfindlichen Grund in den Main. Heute allerdings scheint die Sonne, kein Wasser weit und breit und noch nicht einmal eine Pfütze in Sicht. Deshalb habe ich auch keinen Euro Kleingeld einstecken. Also habe ich mich an der Schlange der Kasse angestellt, um dort Geld für den Einkaufswagen zu wechseln. Nach einer guten halben Stunde ist es dann so weit: Mit meinen soeben erworbenen Münzen gehe ich los, um mir einen Wagen zu holen. Diese sind allerdings just in diesem Moment vergriffen, und somit verzögert sich mein Einkauf um weitere zehn Minuten. Es handelt sich tatsächlich nicht um meinen Glückstag, denn als ich endlich vor dem einzigen Pfandautomaten ankomme, steht vor mir ein offenbar beruflicher Flaschensammler mit drei großen Müllsäcken voller leerer Flaschen an der Reihe. Nicht nur die Menge der Flaschen bringt mich an den Rand des Wahnsinns, sondern auch die Geschwindigkeit, die der Flaschengeist an den Tag legt. Sie kennen es wahrscheinlich aus eigener Erfahrung: Wenn man die Flaschen verkehrt herum auf das Transportband legt, werden sie zurücktransportiert und der Vorgang muss erneut durchgeführt werden. Etwa die Hälfte seiner Plastikflaschen sind zusammengeknüllt, weshalb der Stauverursacher diese mit dem Mund aufbläst. In einem solchen Augenblick muss ich ihm unabsichtlich den Einkaufswagen mit Schmackes gegen die Achillessehne gefahren haben, leider hat das nicht dazu geführt, dass er schneller wurde. Hinter uns hat sich mittlerweile eine Schlange gebildet, die bis zum Parkplatz reicht. Vorwurfsvoll schauen die Anstehenden immer wieder zu mir hin, obwohl ich gar nichts dafür kann. Nach gefühlten 30 Minuten steckt der Mann endlich die letzte Flasche in den Automaten. Jetzt bin ich an der Reihe. Bei mir würde es ratzfatz laufen, da ich nur drei Kästen dabeihabe. Leider ist schon der erste Kasten ein Opfer der Marktpolitik, denn die Annahme wird verweigert. Beim zweiten Kasten gibt es keine Probleme, anstandslos läuft er über das Band. Doch kaum ist er in den Tiefen des Geräts verschwunden, geht ein Alarm los. „Der Automatenbehälter ist voll, bitte rufen Sie einen Mitarbeiter der Getränkeabteilung", erscheint auf dem Display. An der Kasse des Marktes stehen viele Kunden, die darauf warten, abkassiert zu werden, während der zweite anwesende Mitarbeiter einen Stapel Pakete am Postschalter bearbeitet. Jetzt werden die bösen Blicke der hinter mir Stehenden langsam unangenehm. Sobald sich die Schlange an der Kasse etwas lichtet, will der Kassierer kommen, um den Behälter zu leeren. Wir sollen doch bitte ein wenig Geduld haben. Die hatten wir auch, allerdings vor einer halben Stunde. Ich überlege, den Laden einfach zu verlassen, aber so ganz ohne Pfand will ich nun auch nicht von dannen ziehen. Nach weiteren 45 Minuten erreiche ich um 6,70 Euro reicher endlich mein Fahrzeug. Ich summe den Flaschenautomaten-Blues ganz leise vor mich hin und entscheide, zukünftig den Flaschensammlern auf dem Bieberer Berg die Arbeit zu erleichtern, indem ich ihnen einfach komplette Kästen inklusive Leergut hinstelle. Eine absolute Win-win-Situation. Damit tue ich erstens ein gutes Werk, und zweitens kann ich von dem Geld für die eingesparte Zeit in der Warteschlange mit meiner Familie zwei Wochen nach Mallorca fliegen.

„Wer atmet, lebt, und wer lebt, kann arbeiten“, das hat zumindest mein Vater immer wieder gepredigt

Auch in der Firma gab es das ein oder andere Problemchen. Nachdem ich die letzten 20 Jahre kaum Krankheitstage angehäuft und selbst bei Eingriffen operativer Art am nächsten Tag wieder zumindest von zu Hause oder vom Krankenhaus aus gearbeitet hatte, wurde mir vorgeworfen, ich würde mich nicht ausreichend schonen. Eines Tages arbeitete ich zu Hause am PC, um die anstehende Telefonkonferenz vorzubereiten. Da machten sich auf einmal ziehende Magenschmerzen bemerkbar. Ich kontaktierte meinen Hausarzt, um einen Vorschlag für ein geeignetes Schmerzmittel zu erhalten. Dieser hielt es für angebracht, dass ich einmal kurz bei ihm vorbeischaute, weil er mich bisher selten persönlich gesehen hatte. Er versprach, mich sofort dranzunehmen, was mich schlussendlich davon überzeugte, die 300 Meter Wegstrecke auf mich zu nehmen. Meiner besten Ehefrau von allen teilte ich mit, dass ich nur kurz unterwegs sein würde, um ein paar Tabletten zu holen. Ich weiß, wonach das klingt, zumal ich noch niemals in New York war …

In der Praxis angekommen, sollte ich mich freimachen, damit sich mein Arzt ein Bild von der Art meiner Schmerzen machen konnte. „Ziehen Sie bitte mal das Knie an", sagte er, und danach ging alles ganz schnell. Auf der Transportliege der im Krankenhaus befindlichen Hausarztpraxis wurde ich direkt Richtung OP geschoben. Eine Schwester verschaffte mir noch im Fahrstuhl eine astreine Bikinizone, und auf einmal lag ich nur noch mit einem untenrum sehr luftigen Kittel bekleidet auf dem Operationstisch. Die Narkoseärztin schaute mich an und fragte, ob ich noch irgendwelche Fragen hätte. Ich schaute nur auf meinen mangelhaft bekleideten Körper und sagte: „Ich hoffe, dass niemand diese Situation ausnutzt." Und schon befand ich mich im Bereich der Vollnarkose.

Als ich Stunden später mit dickem Kopf, aber ohne Blinddarm-Wurmfortsatz erwachte, schaute ich wieder in das vertraute Gesicht meiner Narkoseärztin. Sie sagte gerade zu einem anderen Arzt, während sie auf mich zeigte: „Das ist übrigens der Durchbruch!"
Das, was mir als Autor bisher leider noch nicht gelang, ist im privaten Bereich ohne viel Vorbereitung bestens geglückt.
Eine sehr nette Krankenschwester meinte: „Kann ich Ihnen irgendetwas bringen?"
„Ein Eis wäre toll, nach Blinddarmoperationen bekommt man doch immer ein Eis!"
„Nein, nur wenn die Mandeln rausgenommen werden", antwortete sie.
Ich lächelte sie an und meinte: „Man kann es ja mal versuchen." Zehn Minuten später hielt ich glücklich einen kleinen Vanille-Eisbecher in den Händen.
Meine Frau war mittlerweile kurz davor, eine Vermisstenanzeige aufzugeben. Ihr schienen sechs Stunden zu lang, um ein paar Tabletten zu besorgen. Gerüchten

zufolge soll sie meine kompletten Sachen für die Altkleidersammlung vorbereitet haben, aber das ist nur eine unbestätigte Aussage seitens der restlichen Familienmitglieder.

Am nächsten Tag lagen auf meinem Krankenbett der Firmen-PC, ein iPad und zwei Telefone. Als der Arzt zur Visite kam, schaute er mich vorwurfsvoll an. „Das war alles ganz schön knapp und es ist zwingend erforderlich, dass Sie sich schonen."

Als ich ihn fragte, wie es bei ihm mit Schonung und Ruhezeiten aussähe, merkte er, dass er direkt nach seinem 48-Stunden-Dienst vielleicht doch nicht der richtige Ansprechpartner für dieses Thema war. „Schlagen Sie die Bettdecke zur Hälfte zurück und wenn die Schwester hereinkommt, decken Sie Ihr Equipment einfach zu." Damit ging er augenzwinkernd aus dem Raum und ließ mich endlich weiterarbeiten.

Obwohl ich nur ein stinknormaler Kassenpatient bin, habe ich vorsorglich eine Zusatzversicherung fürs Krankenhaus abgeschlossen. Dank dieser durfte ich aus einem besonderen Speiseplan auswählen. Schon am Vortag begann meine Vorfreude auf das leckere Mittagessen, zumal ich den ganzen Tag davor nichts gegessen hatte. Schnitzel mit Bratkartoffeln und Salat, das Leben kann auch ohne Blinddarm schön sein.

Eine halbe Stunde später brachte mir eine freundliche Schwester das sehr lecker riechende Gericht und stellte es auf die Ablage. Als ich gerade dabei war, mich aufzurichten, stürzte eine zweite Dame ohne Termin in mein Zimmer und riss mir das Tablett quasi aus den Händen.

„Sie dürfen die nächsten Tage leider nur Schonkost zu sich nehmen. Darauf hat mich der Arzt eben noch mal hingewiesen. Aber Sie bekommen auch etwas Feines."

Als Alternative erhielt ich ein kleines Schüsselchen mit grünem Inhalt. Es handelte sich um Erbsen, die mittels eines Pürierstabs ihre ursprüngliche Form verloren hatten. Solche Speisen in Breikonsistenz hatten wir unseren kleinen Kindern früher mit dem Löffel eingetrichtert. Ich muss es leider sagen, nachträglich schäme ich mich für dieses unsägliche Verhalten. Dieser Tag war offenbar der Tag, an dem die Bestrafung erfolgte.

Das Gute daran: Während meines ungeplanten Krankenhausaufenthalts würde ich bestimmt nicht zunehmen, immerhin etwas. Allerdings sank meine Hoffnung, durch die OP ein paar Kilogramm verloren zu haben, deutlich, als der Arzt mir eröffnete, dass der Blinddarmfortsatz keine zwölf Kilo gewogen hatte. Aufgrund der Schmerzen sowie der katastrophal schmeckenden Schonkost hätte ich einen deutlichen Gewichtsverlust verdient gehabt. Zum Glück habe ich es geschafft, das Krankenhauspersonal davon zu überzeugen, dass es besser für ihr Stromnetz wäre, wenn ich von zu Hause aus arbeiteten würde. Und so konnte ich endlich in Ruhe meine geschäftlichen Telefonate erledigen. Allerdings schimpfte mein komplettes Umfeld, angeführt von meiner besorgten Frau, über die Kürze der Genesungszeit, die ich mir zugestand.

Und dann, viele Monate später, war es endlich so weit. Der Zeitpunkt war gekommen, die vielen Ratschläge zu beherzigen. Jetzt machte ich endlich mal das, was ich bisher nur von dritter Seite kannte. Nachdem immer wieder mal Krankmeldungen aufgepoppt waren, in denen zu lesen war, dass sich ein Mitarbeiter „kindkrank" meldete, dachte ich, der mehrfache Beinbruch meines Sohnes könnte ein prima Anlass sein, das auch mal auszuprobieren. Doch meiner Personalabteilung scheint es ein wenig an Flexibilität zu fehlen. Die Personalerin schaute mich sehr erstaunt an und meinte, es gebe ein klitzekleines Problem, da mein Sohn schon 28 Jahre alt sei. Mein Argument „Kind bleibt Kind" hat leider nicht gezogen, also wird nur außerhalb der Arbeitszeiten betreut. Schließlich ist er ja alt genug. Selbst schuld, dachte ich, da muss man halt ein paar Jahre früher kommen. Doch da war die Verletzung noch nicht da. Im Grunde ist das auch kein Beinbruch, denn ich arbeite schließlich sehr, sehr, sehr gerne. Man muss es sich einfach nur immer und immer wieder laut vorsagen …

Vorübergehend ist relativ

Ja, der tägliche Ablauf ändert sich deutlich, wenn der Sprössling nach vielen Jahren wieder zu Hause einzieht, auch wenn es nur vorübergehend sein soll – daran glauben wir ganz fest! Zumal er sich vor seinem Auszug in einem besseren Zustand befand als jetzt. Es ist vorteilhaft, dass es im Haus einen Treppenlift, ein elektrisches Krankenbett, die stattliche Auswahl an Gehhilfen und eine Rundumbetreuung gibt. Natürlich hat alles auch ein paar klitzekleine Nachteile für ihn. Verschiedene Geschmackswelten prallen aufeinander, wenn der Enkel sich nun am Abend mit der 85-jährigen Oma auf ein gemeinsames Fernsehprogramm einigen muss. Bisher standen „Der Bergdoktor" und „Let's dance" nicht auf seiner Lieblings-TV-Liste, was sich aber abrupt ändern sollte.

Als der Lieblingssohn im spanischen Krankenhaus lag, gab es vorwiegend Bohnen und Erbsen als Gemüse. Nun war die Freude groß, Omas Hausmannskost zu genießen, zumal er der Großmutter sein Leid geklagt hatte über die erheblichen Nebenwirkungen dieses Essens. Plötzlich schwand die Vorfreude jedoch, als er auf den Herd schaute und dort einen riesigen Pott mit Erbseneintopf sah. ☺

Auch der erste Termin beim Physiotherapeuten ging voll in die Hose. Ich schob den Rollstuhl vom Parkplatz zur Praxis, die sich im zweiten Stock befindet. Doch das Schild am Fahrstuhl verhieß Ungemach: Defekt! Wie kam der Patient nun in den zweiten Stock? Die Antwort: Gar nicht. Die erfahrenen Leser unter Ihnen (ich wollte nicht „die älteren" sagen) hätten sofort eine Antwort gewusst. Als treuer Fan von Raumschiff Enterprise weiß man natürlich, dass es ein leichtes Unterfangen für Scotty gewesen wäre, den Rollstuhl samt Inhalt in den zweiten Stock zu beamen. Die jüngeren Leser hätten sich dafür entschieden, zu apparieren. Bei Harry ein probates Mittel, um Zeit und Raum, leider unter Schmerzen, zu überbrücken. Meine Lösung war pragmatischer. Nachdem es schon ein nicht unerheblicher

Aufwand gewesen war, den Rollstuhl mit Sohn aus dem Haus ins Auto zu befördern, ging es jetzt einfach den umgekehrten Weg zurück. Wenigstens kam dadurch mein Kreislauf so richtig in Schwung, und rechtzeitig zum zweiten Frühstück, der Thrombosespritze, kamen wir zu Hause an. Seit Beginn des Jahres hatte ich einen Tag in der Woche frei und nachdem ich die ersten sieben Tage dafür verwendet hatte, meine Zahnärztin finanziell zu unterstützen, erbarmte sich für die folgenden freien Tage meine Frau mit Ideen, wie ich diese künftig sinnvoll verbringen könnte. Just als ihr die Ideen auszugehen schienen, passierte der Unfall meines Sohnes. Und so habe ich gottlob nicht nur ausgefüllte Arbeits-, sondern auch ausgefüllte freie Tage.

Aus der Praxis

Heute wollte ein Arzt sich ansehen, wie die spanischen Kollegen gearbeitet hatten, und deswegen bekamen wir einen Termin für die chirurgische Praxis unseres Vertrauens in Offenbach. Da wusste ich noch nicht, dass wir nur an einer Terminverlosung mit absolut niedrigen Erfolgschancen teilnehmen würden.

Der erste Eindruck: Tausende Menschen hatten sich freigenommen, um zum Arzt zu gehen. Das Wartezimmer war so voll, dass es selbst erwachsenen Menschen kaum möglich war, auf eigenen Füßen zu stehen. Die Leute im Flur waren noch gut dran, denn vor der Tür gab es eine Schlange, die eher darauf hindeutete, dass die Auszahlungsschalter des Offenbacher Arbeitsamts gerade öffneten. Ab 11.30 Uhr war es so überfüllt, dass der Empfang keine weiteren Patienten mehr aufnehmen konnte. Rührselige Geschichten wurden zum Besten gegeben, Tränen flossen und Drohungen wurden ausgesprochen, um doch noch einen Termin zu ergattern. Eine Frau sagte, dass sie vor einer Stunde angerufen und man ihr mitgeteilt habe, dass sie einfach vorbeikommen solle. Leider war die Dame am Empfang an dem Tag allein und zufällig wusste sie auch genau, dass sie niemandem gesagt hatte, er könnte noch vorbeikommen, weil einfach keiner mehr kommen sollte. Mit Wut im Bauch und unverrichteter Dinge zog die Frau von dannen. Witzigerweise hatte sich ihr Gesundheitszustand stark gebessert, denn sie vergaß beim Verlassen der Praxis zu humpeln.

Die Leute schimpften, fluchten, jammerten, aber die Kapazitätsgrenze war lange schon überschritten. Dennoch blieb das Personal ruhig und gelassen, wie die nette medizinische Assistentin, die meinem Sohn insgesamt 78 Metallklammern aus dem Bein holte. Währenddessen wechselte Datenschutz komplett über in Stille Post. Jeder an der Theke und im Wartezimmer spitzte die Ohren, was der nächste Patient wohl verlauten ließ. Ein etwas korpulenter älterer Herr saß nervös auf seinem Stuhl und wartete. Gleichzeitig mit einer etwas kräftigen Frau auf

Krücken wurde er aufgerufen. Durch die offene Wartezimmertür passten gleichzeitig zwei Menschen mit Konfektionsgröße 38. Allerdings traf dieses Gardemaß auf keinen der beiden Patienten zu, schon gar nicht, wenn die Körperbreite durch Krücken erweitert wurde. Der Mann ließ sich davon aber nicht beeindrucken und versuchte, sich als Erster durch das Nadelöhr zu zwängen, was ihm beinahe auch gelungen wäre. Doch trotz eines fast wagemutigen Ausfallschritts fädelte er, wie einst Felix Neureuther beim Slalom, mit seinem rechten Fuß in der linken Krücke der Dame ein und stürzte. Das war natürlich in einer Praxis kein Beinbruch. Die auf die Krücke einwirkenden Kräfte führten zu einem Nachgeben derselben, was sich ungünstig auf die Standfestigkeit der Dame auswirkte. Damit herrschte ein heilloses Durcheinander und man konnte Flüche in verschiedenen Sprachen hören. Beide am Boden Liegenden gehörten nicht zu den sportlichsten Menschen, denen man das Aufstehen beim ersten Anlauf zutrauen würde, übrigens auch nicht beim zweiten. Der mobile Flaschenkran der

Praxis schien anderweitig im Einsatz zu sein, deshalb waren die im Wartezimmer befindlichen Versehrten gefragt. Statt aufzustehen, um zu helfen, herrschte betretenes Schweigen unter den Mitpatienten. Als die Sprechstundenhilfe über den Lautsprecher nochmals die Namen der Türblockierer aufrief, kam plötzlich wieder Leben in die beiden – nicht zuletzt, weil ich jetzt zur Hilfe herbeigeeilt war. Erst zog ich die Dame mit aller Kraft nach oben, was dazu führte, dass ich mir fast die Schulter auskugelte, dann zerrten zwei weitere Patienten mit mir zusammen den korpulenten Herrn in die Höhe. Ohne uns eines Blickes zu würdigen, entschwand er. Wir Verbliebenen nannten ihn ab jetzt „Mister Adipositas“. Noch mal würden wir ihn nicht aufheben, da waren wir uns alle einig. Noch eine ganze Weile schimpften wir wie die Rohrspatzen, bis unsere ungeteilte Aufmerksamkeit sich wieder dem Empfang zuwendete.

„Phimose“, war dort ganz leise zu hören, und auf einmal herrschte eine gespenstische Stille im Wartebereich. Eine Frau zwei Stühle weiter klärte die Unwissenden mit einfachen Worten über die Bedeutung dieses Ausdrucks auf: Wenn der Pimmel vorne zu eng wird und es aussieht wie bei einer Presswurst oder einer Rindswurst, die zu lange auf dem Grill lag. Das Wartezimmer befand sich im totalen Grins-Modus. Als der Mann dann endlich das Wartezimmer betrat, schauten alle mitleidig ungefähr auf die mittige Körperhöhe des Eintretenden.

Ein kleines Mädchen fragte: „Was hat die Frau gesagt über den Mann, weil alle gelacht haben"?

Peinlich berührt antwortete die Mutter: „Die haben nur einen Witz gemacht!"

„Was für einen Witz, Mama?"

„Das erzähle ich dir zu Hause!"

„Ist das ein Witz über Phimose?"

Der Mann mit dem Presswurst-Symptom schaute Mutter und Tochter mit einem vernichtenden Blick an. Dann musterte er nacheinander die restlichen Patienten. Ich zwinkerte ihm verständnisvoll zu und sagte zur Entspannung der Situation: „Ganz schön eng hier … aber das kennen Sie ja."

Die Luft im Wartezimmer war zum Schneiden dick und die Patientenflut nahm trotz Annahmestopp kein Ende. Der Fahrer eines Krankentransports suchte in dem Chaos verzweifelt seinen Fahrgast. Gefühlt sahen alle so aus, als würden sie den Transport benötigen. Eine Frau humpelte ins Wartezimmer und lief direkt auf meinen Sohn zu. „Habe gebroche?“ Dabei schaute sie ihn fragend an.
„Das Schienbein ist mehrfach gebrochen“, antwortete er höflich. Sie schüttelte den Kopf und stellte mit ihrem Kennerblick fest, dass leider keine guten Aussichten bestünden. „Wird nix mehr, habe isch auch gebroche un jetzte humpele seit fünf Jahren.“ Nach diesen Worten schleppte sich die ausgewiesene Motivationstrainerin in das andere Zimmer und befragte weitere Patienten. Manchmal tut es einfach gut, wenn man sich den Frust von der Seele redet. Zumal man mit den eigenen Wehwehchen meist im Hintertreffen liegt.
„Da haben Sie aber noch Glück gehabt mit Ihrem 16-fachen Armbruch“, sagte ein korpulenter Herr zu meinem Sitznachbarn. „Schauen Sie mich einmal an. Sehen

Sie diese Schwellung? Schauen Sie nur genau hin!“ Außer dem fast aus den Nähten platzenden Bierbauch konnte auch ich auf den ersten Blick keine Schwellungen erkennen. Allerdings lag mein letzter Augenarztbesuch auch schon ein paar Jahre zurück. Unauffällig ließ ich meinen Blick über seinen Körper schweifen. Und jetzt sah ich, dass der linke Knöchel beziehungsweise der Fuß etwas geschwollen war. „Haben Sie Wasser in den Beinen?“ Meine Frage war im Prinzip rein höflicher Natur.

„Oh Mann, Sie haben wohl überhaupt keine Ahnung in medizinischen Dingen, das ist ein glatter Außenbandriss.“

So etwas war mir als ehemaligem Fußballer schon geläufig. Das war doch die Verletzung, bei der man eine kleine Pseudostütze bekam, damit man nach ein bis zwei Tagen ohne Krücke herumlaufen konnte.

Der Arzt sagte bei der Diagnose: „Schauen Sie in sechs Wochen noch einmal zur Kontrolle vorbei.“ In Wirklichkeit war es eine verschlüsselte Botschaft, die in etwa bedeutete: Eigentlich ist es jetzt schon in Ordnung, aber falls Sie zur Weichei-Fraktion gehören, setzen Sie sich dann einfach noch mal drei Stunden ins Wartezimmer für nichts. In der Regel wird man fünf bis sechs Stunden krankgeschrieben und wenn ich mich recht erinnere, war unser Trainer stinksauer, wenn wir wegen so einer Lappalie das Training ausfallen ließen.

Vielleicht liegt ja der 16-fache Armbruch doch einen Hauch weiter vorne als der Bänderriss. Doch egal, welche Verletzung oder Diagnose vorlag, es war sicher, dass alle im Raum viel gemeinsame Zeit miteinander verbringen durften, denn das Wartezimmer hat seinen Namen schließlich nicht grundlos erhalten.

Morden leicht gemacht

Heute, am 4. Juni 2024, stachen mir folgende Zeilen meiner Lieblingszeitung, Offenbach-Post, ins Auge: „58-Jährige wegen Tötung des Ehemanns in Haft!“ Nicht dass Sie nun denken, ich wäre überrascht, dass eine solche Tat sich im beschaulichen Offenbach zugetragen haben sollte. Nein, ich war erstaunt über den folgenden Bericht. Ein Mann wurde in seiner Wohnung in der Mühlheimer Straße tot aufgefunden. Und jetzt kam es: „Dringend tatverdächtig ist seine Frau, gegen die Staatsanwaltschaft und Kriminalpolizei Ermittlungen eingeleitet haben.“ Aber was, liebe Leserin, lieber Leser, machte ausgerechnet diese arme Frau verdächtig? Nur dass sie die Ehefrau des auf unnatürliche Art und Weise Verblichenen war? Nein, das reichte noch lange nicht aus. Auf die Spur kam man ihr, weil sie am Sonntagabend auf das Polizeirevier spazierte und äußerte, dass sie ihren Ehemann getötet habe. Damit bestand schon mal ein begründeter Anfangsverdacht. Das Geständnis wurde frei

Haus geliefert, und damit gehörte die geständige Mörderin zumindest zum erweiterten Kreis der Verdächtigen. Chapeau – da werde ich mich in meinem nächsten Krimi verdammt anstrengen müssen, um ähnlich erfolgreiche Ergebnisse zu liefern.

Unter Verdacht

Es war mitten in der Nacht,
da hatte sie ihn umgebracht,
er zählte, war bei 100 Schafen,
sie schickte ihn für immer schlafen.

Das Leben, das ist ihm entwichen,
er gilt seit Neustem als verblichen
und weil es seine Frau gemacht,
steht sie jetzt unter Mordverdacht.
Zeugen gab es leider keine,
denn sie war es ganz alleine,
er konnte dazu nichts mehr sagen,
auch kein Jammern oder Klagen,
denn sie hat das letzte Wort
und gestand damit den Mord.

Die Polizei trotz Akribie,
findet wohl den Mörder nie,

es waren hier zu wenig Fakten,
drum kommts Geständnis zu den Akten.

War es ein Mann oder 'ne Frau?
Nur eine weiß es ganz genau,
doch das Geständnis, das verstaubt,
nur deshalb, weil ihr keiner glaubt.
Und die Moral von der Geschicht,
'ner Mörderin, der glaubt man nicht,
und wenn sie auch die Wahrheit spricht.

Eine weitere Schlagzeile des Tages: „Wie sich die Offenbacher Grundschulen für die Ganztagsbetreuung rüsten". „Rüsten" hört sich ein bisschen nach Stacheldraht, Selbstverteidigung, dem lokalen Waffenhändler, nach Schutzanzügen aus schlagfestem Material oder Security an. Solche Worte klingen erst einmal krass, andererseits darf man nicht außer Acht lassen, dass es sich um die gefährliche Gattung der Grundschüler handelt. 😉

Aus der inzwischen widerlegten Gerüchteküche gab es folgende Meldung: „Nazi-Waschbären am Edersee. Hessischer Förster räumt mit Gerüchten auf.“ Ein verhängnisvoller Moment im Jahr 1934 bringt 90 Jahre später eine Waschbärplage über Hessen – so der Mythos. Sie brechen in Häuser ein, stiften Unruhe, hinterlassen Schmutz und Schäden – und das bereits seit 1934. Der Nationalsozialist, Oberbefehlshaber der Luftwaffe, NS-Wirtschaftsminister und Kriegsverbrecher Hermann Göring soll die Ansiedelung der Waschbären in Nordhessen einst befohlen haben. Er war leidenschaftlicher Jäger und habe möglicherweise mehr Jagdbares gewollt, so das Gerücht. In der englischen Presse hat sich der Begriff „Nazi Racoons“ für deutsche Waschbären durchgesetzt. Aber jetzt ist es amtlich: Nazi-Waschbären sind ein Mythos! Göring hatte nie mit Edersee-Racoons zu tun.

Doch auch das neue Einbürgerungsgesetz wird bemängelt. Eine Offenbacher Anwältin erwartet dadurch viel Stress. Die Klagewelle könnte im Sommer kommen, denn offenbar haben einige Tausend Offenbacher Anrecht auf einen deutschen Pass. Mir ist noch nicht klar, warum dies überhaupt notwendig ist, denn die größte Hürde haben diese Menschen schon genommen – sie sind Offenbacher! Und wahrscheinlich fragen Sie sich jetzt auch, liebe Leserin, lieber Leser, wie man dies noch toppen soll?

Einen hätte ich noch: Zukünftig soll es verboten sein, Frauen auf Gehsteigen zu belästigen. „Das geplante Verbot von Gehsteigbelästigungen ist ein klares Zeichen für die Selbstbestimmung der Frauen." Das hört sich befremdlich an. Natürlich dürfte keine Frau an keinem Ort dieser Welt belästigt werden. Wenn wir aber schon dabei sind und jede Form der Ausgrenzung als verwerflich erachten, darf es auch keine Gehsteigbelästigung für Männer oder Divers geben. Das Verbot müsste auch für alle Plätze über den Gehsteig hinaus erweitert werden, zumindest bis zur Bahnsteigkante.

Mittlerweile kommt es mir so vor, als müssten die einfachsten und eindeutigsten Dinge reglementiert werden.

Analog dazu, wie es in den USA schon gang und gäbe ist, denn dort hat die Mikrowelle einen Aufkleber, dass es keine gute Idee ist, kleine Hunde nach einem Regenspaziergang in selbiger zu trocknen. Ob es allerdings bei Katzen funktioniert, dazu hat der Hersteller leider keine Angaben gemacht, und deshalb müssen wir das selbst herausbekommen. Vielleicht sollten wir uns an eine alte, längst vergessene Tugend erinnern, an das früher sehr gebräuchliche NACHDENKEN!

Die Klobrillen-Sichtweise

Es ist fünf Uhr morgens, und ich sitze mit einer Tasse Kaffee auf dem Balkon und genieße die kühle Luft. Gestern hat der Sturm für Verwüstungen rund um den Offenbacher Grüngürtel gesorgt. Jetzt ist an ein Durchkommen bei uns rund ums Waldeck nicht zu denken. Ich habe dazu ein paar Bilder gepostet mit der Überschrift: „Heute mal Hindernislauf". Man sieht den Wald vor lauter umgestürzten Bäumen nicht. Es gab viele Rückmeldungen. Eine sehr nette junge Dame, ich nenne sie einfachheitshalber Janina, schrieb, dass sie Probleme gehabt habe, die Waldwege mit dem Kinderwagen zu bezwingen. Ich frage sehr erstaunt, warum sie keine Kettensäge mit sich geführt habe. Sie nahm das wohl nicht sehr ernst, denn ihre Antwort lautete: „Mutter mit Kettensäge, wer kennt das nicht?" 😉
Da musste ich Janina den Spiegel vorhalten (Insider): „Was bist du nur für eine Mutter, die ohne Kettensäge aus dem Haus geht, schließlich haben wir Offenbacher

einen Ruf zu verlieren!“ Ihre Entschuldigung, sie sei noch nicht so lange Mutter, habe ich dann am Ende akzeptiert. Aber wenn man sich nicht um alles kümmert …

Ich dachte darüber nach, wie Georgien den Portugiesen die letzten Tage vermiest hatte, dass Dänemarks Pseudo-Handballer wahrscheinlich beabsichtigten, einen neuen VAR(Video Assistant Referee)-Fanclub zu gründen, und Dortmund vielleicht zur Stadt mit den schönsten Wasserfällen gekürt werden würde.

Dabei kam mir leider auch die bösartige Mailnachricht vom Wochenende in den Sinn, und von meiner morgendlichen Gelassenheit war auf einmal genauso viel übrig wie von meinem Kaffee. Seid ihr manchmal auch so genervt, dass ihr spontan an Herbert Grönemeyers „Meine Faust will in sein Gesicht“ denkt? Die gute Erziehung durch meine Eltern verbietet mir, derartige Gedanken zu hegen, aber da ist immer noch der Offenbacher in mir, der sich fragt, warum eigentlich nicht. Dann hilft nur absolute innere Ruhe, denkt einfach an eine

Voodoo-Zauberin, wie sie die Nadel in eine Puppe steckt, die das Aussehen eures Ärgernisses hat. Und danach einfach die Ohren zuhalten wegen möglicher Schreie.

Mir hat auch die Klobrillen-Sichtweise immer sehr gut geholfen. Manchmal muss man bei verschiedenen Personen einfach die Perspektive wechseln. Statt von oben auf den Kopf und auf die Klobrille zu schauen, hilft es manchmal, wenn du von unten zur Klobrille hochschaust. Das, was du zu sehen bekommst, könnte der Wahrheit sehr nahekommen.

Und wenn es gar nicht mehr geht, haltet fünf Finger in die Luft und erwidert dem Quälgeist: „Sie haben die freie Auswahl. Suchen Sie sich einfach einen Finger aus – am besten ziemlich mittig!" 😊

Der Rotkreuz-Express

Bitte missverstehen Sie mich nicht falsch, würde Johann König jetzt sagen, wenn ich von unserem Kurzurlaub in Holland berichte, denn wir hatten viel Spaß, allerdings auch ein paar Anlaufschwierigkeiten. Wobei gerade das Thema Laufen die meisten Probleme bereitete. Der ursprüngliche Plan war, dass meine Frau, die Kinder, meine Schwiegermutter, unser Schwiegersohn in spe und ich gemeinsam ein Haus in Hulshorst bewohnen würden. Es war klar, dass wir für meine Schwiegermutter einen Rollstuhl sowie einen Rollator benötigen würden, was den Stauraum im Fahrzeug deutlich verringerte. Damit verfügten wir aber über fünf potenzielle Fahrer, die sich während der Urlaubsfahrt abwechseln konnten. Völlig ungeplant war der Unfall meines Lieblingssohns, der zum Start des Urlaubs jegliche Mobilität vermissen ließ, und das nur wegen des vierfachen Beinbruchs. Somit verringerte sich die Zahl der Fahrer, Ein- und Auslader, spontan um 20 oder vielleicht eher 30 Prozent, da er ansonsten ein richtiges Tragewunder ist. Gleichzeitig schrumpfte das verfügbare freie Transportvolumen deutlich, weil nun auch Till auf einen Rollstuhl angewiesen war. Meine kurzfristige Überlegung, ein rotes Kreuz auf das Fahrzeugdach zu malen, verwarf ich wieder. Dann kam die überraschende Nachricht, dass unser Schwiegersohn in spe von seiner Firma eine Urlaubssperre erhalten hatte, da ein Großauftrag erledigt werden musste. Das reduzierte die Anzahl der Fahrer sowie der Ein- und Auslader auf einen überschaubaren Restbestand. Jetzt weiß ich auch, warum es Einlader heißt, weil nämlich nur einer einlädt. So belud ich unser Urlaubsfahrzeug mit zwei Rollstühlen, einem Rollator, einem Toilettenstuhl, Krücken und Gehhilfen jeglicher Art, um mich im Anschluss zu fragen: „Wohin mit dem Gepäck?“ Zu diesem Zeitpunkt war ich schon klatschnass geschwitzt, aber schließlich gelang es mir, mit einer ausgefeilten Packtechnik alles unterzukriegen. Irgendwann hatten wir auch unsere Rot-Kreuz-Erlebnisreisegruppe und Lou, unseren Familienhund, sicher verstaut. Ich setzte mich ans Steuer und schaute mich ein paar Minuten später um. Außer mir war nur noch Till wach und der konnte ja bekanntlich nicht fahren. Der Rest, unsere komplette Damengruppe, schlief friedlich, wahrscheinlich aufgrund der Strapazen beim Einladen. Ich musste an den Comedian in den sozialen Medien denken (Salko Juklo). Da gab es ein Gespräch zwischen ihm und seinem Sohn bezüglich der Schule. Der Sohn erzählte, dass die Lehrerin sauer sei, dass er im Unterricht eingeschlafen sei, worauf der Vater antwortete:

„Mach dir keine Gedanken, Sohn, das hast du von Familie von Mama. Immer müde, immer müde, immer schlafe diese Leute, ganze Tag schlafe, schlafe, schlafe …“

Und wenn ich jetzt mal total unvoreingenommen in die Runde schaute, schien sich das Ganze tatsächlich zu bewahrheiten: Familie von Frau schlafe, schlafe, schlafe … Ich kann nur hoffen, dass sie diese Zeilen niemals zu Gesicht bekommt, sonst könnte es sein, dass sie mir nie wieder so schöne Bilder malt.

Kurz vor unserem Ziel waren dann wieder alle aufgewacht, um erholt in den Urlaub zu starten. Meine Tochter mit den Worten, die sie jedes Mal wählte, wenn wir ankamen: „Das ging jetzt aber schnell.“

Ich fuhr bis kurz vor unser Haus, alle waren gleich begeistert. Es lag direkt am Wasser und verfügte über eine großartige Aussicht. Nachdem wir meine Schwiegermutter und Till ins Haus transportiert hatten, konnte der Urlaub beginnen. Aber da war doch noch was. Richtig! Das Auto musste noch entladen werden. Also haben sich alle restlichen unverletzten und anwesenden Männer um das Auto geschart, um gemeinsam das vollgepackte Fahrzeug zu entleeren. Fairerweise muss man zugestehen, dass sich meine Lieblingsfrauen währenddessen um das Wohl der Betreuungsbedürftigen sehr gut gekümmert haben. Nachdem alles eingeräumt und verstaut war, fuhren wir zu einem Supermarkt, um ein paar Grundnahrungsmittel zu besorgen. Als wir den Supermarkt mit komplett entleerter Kreditkarte verließen, brachte uns der Marktleiter, der wahrscheinlich das Geschäft seines Lebens gemacht hatte, mit einem Dauergrinsen im Gesicht persönlich zum Auto. Nachdem sich das letzte Nahrungsmittel im Kofferraum befand, war es wieder genauso voll wie bei unserer Abfahrt in Offenbach. Der mögliche Hungertod war somit die kleinste Gefahr für die kommende Zeit. Im

Rückspiegel konnte ich den Chef des Supermarkts sehen, der uns noch lange nachwinkte.
Für die nächsten drei Tage hatten sich meine Schwägerin, mein Schwager und unsere Nichte angemeldet. Sie waren Verfechter einer ausgefeilten Urlaubsstrategie, denn sie kamen leider erst nach dem Ausladevorgang an und fuhren vor dem Einladen wieder ab.
Zum Glück hatte ich mit dem Spülen nichts zu tun, denn dafür gab es eine Maschine, die man einfach nur bis zum Rand befüllen musste, Spül-Tab einlegen, das Programm wählen und dann ging es los. Aber das Gerät tat keinen Mucks, und schon war ich wieder im Spiel. Eine Metallleiste hatte sich gelöst, und diese verhinderte das komplette Schließen und somit den Start des Geräts. Um die Schiene zurechtzubiegen, musste nur das dreckige Geschirr ausgeräumt werden, die Schiene wurde fest mit einer Hand an die Metallwand gedrückt, während der volle Korb wieder eingeschoben wurde. Und schwupp, schon lief das Spülprogramm. Laut Besitzer des Hauses, den ich kurzfristig kontaktierte, sollte das Problem spätestens am kommenden Samstag behoben sein. Das war

prima, denn am Samstag konnten wir guten Gewissens abreisen, da wir wussten, dass die nächsten Gäste wenigstens über eine ordentlich funktionierende Spülmaschine verfügen würden. Und bis Samstag würden wir sicher zurechtkommen, denn wir hatten ja mich.

Am Montag nutzten wir die Gunst der Stunde, als der Regen in seine verdiente Nachmittagspause ging, und warfen den Grill an. Kaum dass die Kohlen ein wenig glühten, zog ein Sturm auf, begleitet von heftigen Regenschauern. Mithilfe mehrerer Schirme schafften es mein Schwager und ich, dass wenigstens unser Grillgut trocken blieb, für uns reichte es leider nicht. Das tat aber unserer Laune keinen Abbruch, da wir mittels ausreichend Dosenbier für eine gute Grundstimmung gesorgt hatten.

Jetzt fragen Sie sich, liebe Leser, was nach meinen Erfahrungen mit den unterschiedlichen Gruppierungen im Essverhalten bei uns auf den Grill kommt. Natürlich nur ausgewogene und gesunde Produkte. Da machen wir keine Kompromisse. Wir grillen nur Tofu-Ersatz, wie zum Beispiel Würstchen, Steaks und Bauchfleisch. 😌

Unsere Besucher hatten uns inzwischen wieder verlassen, da sie auf dem Rückweg noch 15 bis 20 Outlets anfahren wollten. Aufgrund der vielen Einkäufe, aber auch der defensiven Fahrweise konnte es durchaus geschehen, dass wir ihnen auf unserem Rückweg drei Tage später begegnen würden.

Meine Schwägerin Ellen gehört zur Gattung der umsichtigen und vorsichtigen Autofahrer. Nachdem sie auf einer belgischen Bundesstraße von mehreren Gruppen Weinbergschnecken verkehrskonform links überholt wurde, schloss sich ihr am nächsten Ortsausgang eine achtköpfige Entenfamilie mit Küken an, die sie offenbar als neues Familienoberhaupt ansahen. Manchmal, wenn sie gar zu langsam fuhr, konnte es passieren, dass sich eines der Entchen beim schnellen Watscheln an der Stoßstange des Wagens das Köpfchen stieß. Doch meistens ging es gut aus, sodass es am Schluss hieß:

Ente gut, alles gut! ☺

DANK

Liebe Leser, jetzt halten Sie mein mittlerweile neuntes Buch (die vierte Realsatire) in der Hand. Dafür gab es natürlich ein paar Unterstützer, die mir geholfen haben, das neue Werk in den Handel zu bringen.

An erster Stelle möchte ich mich bei meiner besten Ehefrau von allen bedanken, die das großartige Cover gezeichnet und mit ihren Zeichnungen im Innenteil für eine wundervolle Abrundung der Texte gesorgt hat. Liebe Marie, wir sind dank dir ein perfektes Team.

Danke an meinen Lieblingsverleger Gerd Fischer. Auch dieses Mal hat er alles daran gesetzt, den Text im Gegensatz zum Autor schlank zu halten. Er würde fantastisch in ein Streichorchester passen, da er mit großer Freude alle überflüssigen Füllworte aus dem Manuskript entfernt. Manchmal, wenn er in sentimentaler Stimmung ist, findet er überaus freundliche und lobende Worte für den in mühevoller Kleinstarbeit erstellten Text. „Kann man so lassen!“

together concept, unter der Leitung von Herrn Striewisch, ist, genauso wie ich, von Anfang an dabei. Alle Werbemaßnahmen laufen bei ihm zusammen. Er sorgt dafür, dass Poster, Bierdeckel, T-Shirts oder die Homepage gut rüberkommen. Lieber Herr Striewisch, vielen Dank für Ihr Engagement.

Ohne meine Lieblingstestleser, in diesem Fall Testleserinnen, läuft natürlich wenig. Danke Ellen Voigt, danke Irina Kessler und danke an meine Lektorin, die dafür sorgt, dass der Bub die richtigen Worte in der richtigen Reihenfolge verwendet.

Natürlich kommen die wichtigsten Protagonisten meistens am Schluss. Ohne Sie, meine lieben Leserinnen und Leser, würde es überhaupt keinen Spaß machen, Bücher zu schreiben. Ich wünsche Ihnen viel Spaß bei der Lektüre meiner Geschichten. Jeder, der mein Buch zum vollen Preis erwirbt, darf es im Anschluss kostenlos lesen – sogar mehrmals! ☺

Herzliche Grüße

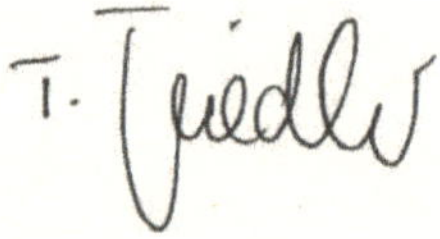

Der Autor

Offenbacher sind überall. Oftmals sind wir sogar herzlich willkommen, denn wer einen Quoten-Offenbacher beschäftigt oder auftreten lässt, zum Beispiel bei Lesungen, erhält in der Regel eine hohe Unterstützung vom Staat oder den Kommunen. Es kann sich also lohnen, mich oder meine Mitbewohner mit ins Boot zu holen.

Angefangen hat alles mit meinen Gedichten und ironischen Beiträgen während des Schulunterrichts im beschaulichen Offenbach. Doch dann wurde sämtliche Fantasie und dichterische Freiheit den seriösen Lebensbereichen Bankausbildung, Psychologie und Automobilbranche geopfert. Bis eines Tages echte und leibhaftige Mietnomaden und Messies unvermittelt in mein Leben traten und sämtliche Ersparnisse vereinnahmten.

Gemeinsam mit meiner großartigen Familie habe ich darüber philosophiert, ob denn nun ein Strick oder aber das Schreiben eines Buchs probate Mittel seien, um die realen Katastrophen zu verarbeiten. Am Ende haben wir uns für die literarische Verarbeitung entschieden.

So entstand 2015 die erste Realsatire: „Der Nomade im Speck". Hier wurde schnell aus Mitleid ein ganz neuer Begriff geboren, nämlich das „Mietleid". Leider konnten die Erträge des Buchs nicht annähernd das Mietnomaden-Minus ausgleichen, weswegen auch gleich ein zweites Buch folgte: „Der Sattel im Speckmantel“. Diesmal handelte es sich um eine Radfahrer-Realsatire. Der dritte Streich im Genre Realsatiren lautete: „SCHEISSENDRECK HAPPENS“.

Um zu meinen inzwischen fünf Offenbach-Krimis aufzuschließen, schrieb ich das vierte ironische Werk „Das Leben ist kein Ponyschlecken“, das Sie nun in den Händen halten.

Übrigens sollten wir viel mehr über uns selbst lachen – oder über andere, was ich in diesem Buch gerne stellvertretend für Sie übernehme.

Weitere Informationen erhalten Sie auf meiner Homepage:

www.offenbach-krimi.de

„Der Nomade im Speck“

Ein Haus – sechs Wohnungen – keine Mieteinnahmen!

Wenn Nomaden nicht weiterziehen, sondern für immer bleiben ... Wenn nicht Lionel Messi, sondern Messies bei dir wohnen ... Wenn dein Haus voll, aber dein Konto leer ist, lebt der Mietnomade bei dir im Speck, schwört dir ewige Treue, und all deine Freunde haben Mitleid. Doch du empfindest pures Mietleid!

„Humorvoll, satirisch, ironisch: pures Mietleid – wer dieses Buch gelesen hat und immer noch Wohneigentümer werden will, dem ist nicht zu helfen." (Wetterauer Zeitung)

„Sein Mittel gegen den Ärger ist eine große Portion Ironie – entstanden ist eine Lektüre, die amüsant und beängstigend zugleich ist." (Frankfurter Neue Presse)

„Der Sattel im Speckmantel“

Das fette Runde muss aufs Dreieckige

Wenn du in Radlerhosen aussiehst wie ein Walfisch im Neoprenanzug … bergauf nicht dein Bereich ist … E-Bikes rechts und links an dir vorbeirauschen … du nach dem Radeln nicht mehr sitzen kannst und deswegen Stehkneipen bevorzugst … der Teufel nicht nur im Detail, sondern auch dein Hintern im Sattel steckt … deine Fahrradklingel 10 Gramm wiegt, du aber 135 Kilogramm … aus dir und deinem Reifen die Luft raus ist … du froh bist, dass dein Sattel nicht sprechen kann … Baby-Creme dich am Leben hält … und wenn das Schönste an den Fahrradwegen die Biergärten sind, dann bist du bereit für die ironisch angehauchten, realen Erlebnisse von sechs Best-Age-Radlern auf ihren Bergab-Touren, die gefühlt leider nur bergauf gehen!

„SCHEISSENDRECK HAPPENS“

Wollen Sie wissen, wie Sie ohne Aufwand reich, uralt, faltenfrei, sexy, charmant, beliebt und redegewandt werden?
Dann müssen Sie sich leider anderweitig informieren, denn hier erfahren Sie stattdessen:

Warum der Offenbacher Gott der Ungeduld, HAMMERSBALD, die Krise bekam … die Offenbacher „wallah“ zum beliebtesten Wort der einheimischen Umgangssprache gewählt haben … der circle of no return (Kaiserleikreisel) keine Abkürzung ist … was hinter Kanobis wirklich steckt und weshalb die halbe Welt über dieses unvergleichliche Produkt aus Offenbach spricht … welche Mainstadt den mörderischen Kampf um den Titel als Literaturhauptstadt gewinnt … wie tödlich die meisten Frankfurter Spezialitäten tatsächlich sind. Und: Gehört ein Frankfurter Kranz wirklich aufs Grab?
Handkäs und Ebbelwoi bringen den Biebererer Berg endlich wieder zum Beben. Müssen die Bürger einen Vul-

kanausbruch befürchten? Und was genau hat Ex-OFC-Trainer Peter Neururer mit dieser Sache zu tun?

„Mir hat es riesigen Spaß gemacht, für diese Realsatire das Vorwort zu schreiben. Es handelt sich um großartige und witzige Geschichten, und ich habe mir beim Lesen vor Lachen fast in die Hose gemacht.“ **Peter Neururer**